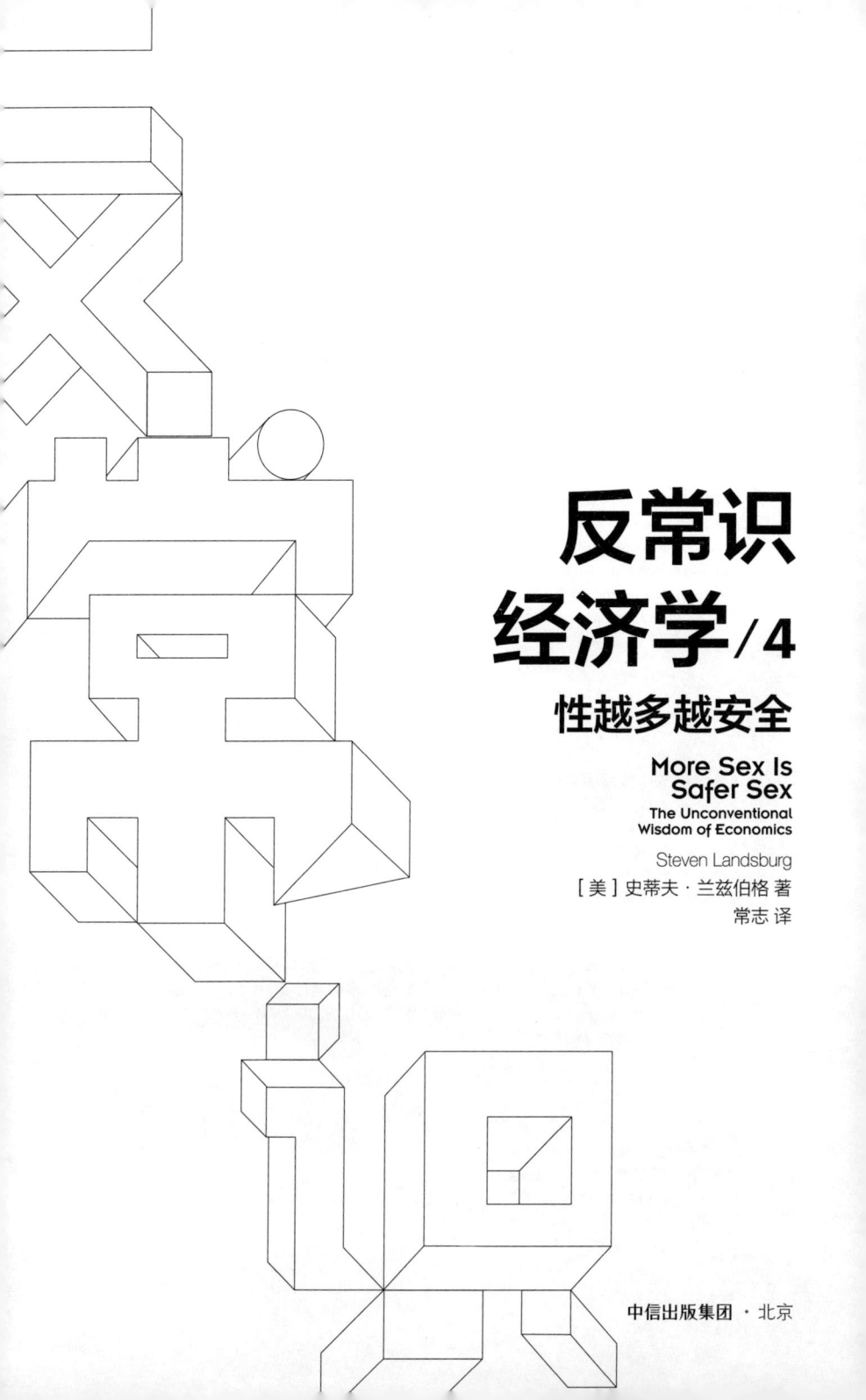

反常识
经济学/4

性越多越安全

More Sex Is
Safer Sex
The Unconventional
Wisdom of Economics

Steven Landsburg

［美］史蒂夫·兰兹伯格 著

常志 译

中信出版集团·北京

图书在版编目（CIP）数据

反常识经济学. 4，性越多越安全 /（美）史蒂夫·兰兹伯格著；常志译. -- 北京：中信出版社，2018.6
书名原文：More Sex Is Safer Sex: The Unconventional Wisdom of Economics
ISBN 978–7–5086–8665–3

I. ①反… II. ①史… ②常… III. ①经济学－通俗读物 IV. ① F0-49

中国版本图书馆 CIP 数据核字（2018）第 035118 号

Simplified Chinese Translation copyright © 2018 by CITIC PRESS CORPORATION
More Sex Is Safer Sex
Original English Language edition Copyright © 2007 by Steven E. Landsburg
All Rights Reserved.
Published by arrangement with the original publisher, FREE PRESS, a Division of Simon & Schuster, Inc.
本书仅限中国大陆地区发行销售

反常识经济学 4：性越多越安全

著　　者：[美] 史蒂夫·兰兹伯格
译　　者：常志
出版发行：中信出版集团股份有限公司
　　　　　（北京市朝阳区惠新东街甲 4 号富盛大厦 2 座　邮编 100029）
承　印　者：北京诚信伟业印刷有限公司

开　　本：880mm×1230mm　1/32　　印　张：10.5　　字　数：182 千字
版　　次：2018 年 6 月第 1 版　　　　印　次：2018 年 6 月第 1 次印刷
京权图字：01-2007-2530　　　　　　　广告经营许可证：京朝工商广字第 8087 号
书　　号：ISBN 978–7–5086–8665–3
定　　价：58.00 元

版权所有·侵权必究
如有印刷、装订问题，本公司负责调换。
服务热线：400-600-8099
投稿邮箱：author@citicpub.com

MORE SEX IS
SAFER SEX
目 录

前　言　虽然搞笑，但很严谨　//III

第一部分　**公共河流篇**

第 1 章　性，越多越安全　//009

第 2 章　多子多孙，多福多寿　//027

第 3 章　我小气，我光荣　//051

第 4 章　谁是世界上最美的人　//061

第 5 章　童工　//079

第二部分　**搞定一切**

第 6 章　搞定政治　//091

第 7 章　搞定司法系统　//099

第 8 章　搞定其他的事　//129

第三部分　**日常经济学**

第 9 章　让数据说话　//167

第 10 章　不！是个女孩！　// 185

第 11 章　母爱无价　// 195

第四部分　重大问题

第 12 章　捐出你的一切　// 203

第 13 章　灵魂的中央银行　// 223

第 14 章　如何解读新闻报道　// 243

第 15 章　生死攸关　// 269

第 16 章　令我不安的事　// 291

附　录　// 313

致　谢　// 323

MORE SEX IS
SAFER SEX
前 言

虽然搞笑，但很严谨

常识告诉我们，性滥交会导致艾滋病的蔓延，人口过度增长会威胁经济的繁荣，抠门的守财奴很难与邻居和睦相处……但，一定是这样吗？这本书就是要改变我们的这些常识。

多争无益，让证据和逻辑说话，尤其是经济学逻辑。逻辑大多具有启发意义，许多也非常有趣，尤其是引导我们以全新的视角认识这个世界时。本书就充满了这样的逻辑。

生女儿会导致父母离婚；复仇的渴望比对金钱的渴望更健康；禁止猎杀大象的禁令会导致更多的大象被猎杀；对于人们来说，收到灾难援助未必是件好事；恶意的电脑黑客应该被执行死刑；越有慈悲心肠的人赞助的慈善机构数量越少；著书立说是对社会的不负责任，而把别人连推带搡挤到喷泉边上则不是；又高、又

MORE SEX IS SAFER SEX
反常识经济学4：
性越多越安全

瘦、又漂亮的人收入越高——但原因和你想的不太一样。

以上的每一句话其实都比你想象的更真。也许你会说，这不符合常识啊！但，别忘了，常识也曾告诉我们地球是平的。

读者即将看到的这本书就像一盘盛满反常、原创、稀缺和新奇观点的美味沙拉，这里的每一句话都是严谨的，这里的每一句话又都是搞笑的！我们在严肃认真地思考一些重要问题，并得出我们自己的观点，这些观点十分有趣，同时也令人十分惊讶！本书试图从全新的角度向大家诠释世界的运行规则，这一全新角度有时可能让部分读者愤怒，但我们更希望读者能笑着看完这本书！

MORE SEX IS SAFER SEX

第一部分

公共河流篇

先说一个发生在我郊区邻居之间的小悲剧，这样的小悲剧在每一个满地都是金黄落叶的十月都会上演。周六早上，每一块草坪上都有一个居家好男人拿着吹叶机吹自家草坪上的落叶，吹树叶很轻松，叶子一吹就到了邻居家的草坪上，邻居再一吹叶子就又吹回来了，最终，大家都累得够呛回屋休息了，各家的草坪上依旧布满了落叶，一上午白忙活了！

这样度过周六实在不是一个好主意，要是都把吹叶机扔到一边待在屋里看球赛，相信大家肯定都会更快乐。但是，人类的理性不会允许我们那样做，因为人类理性告诉我们无论邻居们怎样做，各吹门前叶都是对自己最有利的选择。不信你看：如果你和大家一样都去吹落叶，各吹门前叶可以避免你家草坪上铺满多层落叶（有几层是从邻居家吹过来的）；如果大家约好都不去吹，你作弊就你一人去吹，各吹门前叶会让你家草坪成为所有邻居当中唯一一块净地。

经济学就是这样一门科学，总是告诉我们理性行为会导致令人惊讶有时甚至是悲剧的结果。球场上的比赛正进行得热火朝天，观众们都争先恐后地站得更高，生怕错过某个精彩的瞬间，最终结果是谁也看不清比赛；一个嘈杂的聚会上，大家都在高谈阔论，一声更比一声高，生怕自己的声音被别人淹没，最终结果是每个人都带着哑了的嗓子回家。无论是我们站得更高，还是喊声更大，还是把叶子吹到邻居家的草坪上，都是因为我们是彻底的"趋利避害者"，我们只关注自己的利益而忽视了他人的利益，比如说我们可爱的邻居。

　　经济学中有这样一个基本原理：当每个人行为的后果由自己承担时，结果就是最优的；当每个人行为的后果由别人承担时，结果往往是最差的。这个简单明了的基本原理是有道理的，它甚至可以撼动大多数"传统智慧"被信赖的基础。按照这个基本原理，其实全世界的人口数量还是太少了，守财奴也太少了，一夜情还是太"偶然"了，不过二手烟和童工的数量则刚刚好。人类对金钱的渴望具有社会危害性，而尝试复仇对整个社会来说则是天赐之物。这个基本原理可以很好地解释为什么更高、更瘦、更漂亮的人收入更高等问题，同时建议我们应该对司法系统、政治系统和税收制度进行全面改革，制定规则以防止类似看喷泉时的插队行为。这个基本原理还可以解释为什么费城的汽车保险是那么贵。

从现实的角度说，这个基本原理告诉我们街上的垃圾"有点儿多"，这一点并不如你想象的那般显而易见，因为"有点儿多"不等于"太多了"。毕竟，街上有点儿垃圾并不一定总是坏事，要是有点儿其他东西可能比有点儿垃圾更糟。你刚刚踩到一块吃剩的三明治，那可能是某个可怜的哥们儿为了躲避黄蜂扔的；刚刚差点绊你一跤的报纸，可能是某个哥们儿追出租车时不小心从公文包里飞出来的；如果患有心脏病的你吃着冰棒正在街上走着，忽然心脏病发作，没有人会要求你在倒下的瞬间还得先把没吃完的冰棒扔到最近的垃圾箱里。所以说，街上有点儿垃圾也是正常的。

从理论的角度来说，全球所有城市的人行道上都不应该有过多的垃圾，存在的垃圾都应该如上述那样有合理的理由，但实际上肯定不是这样的，实际存在的垃圾要比有合理原因的垃圾多得多，而且我要强调，扔香蕉皮的和被香蕉皮滑倒的通常不是同一个人。正是这种收益（随手扔垃圾带来的便利）与成本（被香蕉皮滑倒）的不对称才造成即便（对于整个社会来说）这种事收益小于成本也总是有人做。每当类似的事情发生，整个社会的效用就降低了，这就是我前文说的垃圾"有点儿多"的真正含义。

换句话说，"太多了"不仅仅是一种价值判断，而且有确切的现实含义，即每当生活中的垃圾减少一点点，我们每个人的效用就会增加一点点。就像减少吹叶机的数量、禁止看球赛时站立一样，会给我们带来更多的效用、更多的快乐！

我们所有的行为都有成本和收益。无论是上文提到的吹落叶、丢垃圾，还是尚未提到的鱼水之欢、生儿育女，以及做一个节省的人还是做一个大方的人，都可以从成本和收益两方面来分析。当然也可以用来分析抽烟和喝酒到底划不划算，是应该参与纵火还是应该举报纵火者，这些都可以利用成本收益分析法来分析。只有成本和收益都由个人自己承担时，我们才能够做出正确的"数量决策"，包括到底应该扔多少香蕉皮、应该生几个孩子，甚至应该找几个情人。假如只需要我们享受收益而由其他人承担成本，人们肯定希望情人多多益善。做一个对调，如果由我们承担成本而由其他人享受收益，人们肯定会觉得一个也嫌多。

当你们 AA 制聚餐时，点餐的决策就像上面提到的扔垃圾的例子，"实际"点的数量往往比"应该"点的数量多。举个例子，当你一个人吃饭时，你肯定不会点一份对于你来说只值 4 美元却卖 10 美元的双层巧克力慕斯，但当有 10 个人来和你一起分担成本时你就会点了，为什么？因为你感觉"便宜"了，你只用了 1 美元就买到了你认为价值 4 美元的东西，但大家伙儿却集体为此多付出了 6 美元。

第一部分　公共河流篇

　　溢出效应通常导致不好的结果，这一点，至少在理论上是清晰的。学者们正在努力弄清楚是什么导致了溢出效应。以餐馆里的二手烟为例，二手烟之所以叫二手烟是因为烟会从这一桌"溢出"到另一桌，或由这一桌"溢出"到厨房。但从相关性上看这算不上溢出效应。只有当决策者忽视它时才能称之为溢出。在这个案例中不存在溢出效应，因为餐馆的老板——就是那个一开始允许客人抽烟的家伙，不太可能忽视会冒犯他的客人的事情的。

　　当然，不管饭店老板怎么做都会得罪部分顾客，较为宽松的禁烟规定会得罪不抽烟的顾客，严格的禁烟规定又会得罪抽烟的顾客。如何才能使这种"得罪"最小化？老板对经济利益的追求有助于实现这一目标。如果禁烟的收益大于成本，饭店老板会选择禁烟，如果收益小于成本，他会选择默许。为什么饭店老板对自身经济利益的追求会如此有效地实现最大限度的社会满意（在禁烟问题上）？因为无论是禁烟的收益还是成本，都由饭店老板直接承担，顾客在店内的消费意愿会直接影响老板的钱包。对经济行为的所有影响都由老板自己承担，所以他会做出正确的决策。因此，多数经济学家认为事后批评那个老板，比如说，通过法律来推翻他的决定，不是一个好主意。

　　总结以上观点，我们可以称之为"公共河流法则"：弄脏自家的游泳池是你的自由，但如果你家的污水溢出，到了大家共用的河流里面的话就应该赔偿；相反，如果有人自愿帮助大家清理公共河流，这个人就应该得到回报，否则，污染公共河流的人会越来越多，而自愿清洁河流的人会越来越少。

  一个多么简单而明显的道理，不是吗？继续往下看，对它的深入理解可能会"惊"到你。

第 1 章 性，越多越安全[①]

这是一个事实：艾滋病是大自然对人类的可怕惩罚，惩罚人类对无节制的、全社会性的、不负责任的性行为的纵容。同时，这一疾病也是人们对一夫一妻制、忠贞和其他形式的性保守主义持赞许态度的代价。

人们很容易看到描述性滥交罪恶的文章，但，这里我要给大家说一说性自我克制的坏处。

马丁，是一个迷人且像普通人一样谨慎（性经验有限）的青年，一直在优雅地与他的同事琼调情。在上周的办公室聚餐之前，

[①] 本文观点系作者个人观点，就事论事，目的是启发读者从另一个角度思考问题，未必主张采取类似做法。

马丁和琼都在默默地期待着聚餐后他们一起"回家"的场景。不幸的是,命运通过它在疾病控制中心的代理人开始干预了。就在办公室聚餐的那天早上,马丁正好注意到疾病控制中心发布的宣扬禁欲是一种美德的地铁广告。马丁决定待在家里,不和琼约会了。由于马丁的"爽约",琼被同样迷人但相当不"谨慎"的麦克斯韦深深迷住了,于是,她得了艾滋病。

由于谨慎的马丁退出这场"两性游戏",客观上造成倒霉的琼更容易被不计后果的麦克斯韦捕获芳心。如果这些地铁广告在抑制"马丁们"比抑制"麦克斯韦们"方面更有效的话,它们实际上成了危害"琼们"安全的威胁。

如果这个世界上的马丁们稍微"放纵"一下的话,艾滋病的传播速度可能就会降低。当然,放纵也不能过了头,如果马丁们过于放纵的话,就和麦克斯韦们一样危险了。但是,如果性保守主义者们能适度增加自己"放纵"的次数,对于其他人来说绝对是件好事。哈佛大学教授迈克尔·克雷默预计,如果每个性伴侣个数少于2.25个的英格兰人能再额外多一些性伴侣的话,英格兰的艾滋病蔓延速度将显著降低。这一估计适用于四分之三的18~45岁的英国异性恋者。

像马丁这样谨慎的人,每一次去酒吧都是在为这个世界做贡献。实际上,是做两次贡献。第一是降低了每一个期待一次安全

第 1 章　性，越多越安全

"邂逅"的人被感染的概率；第二个贡献更可怕，但也许更有意义：如果马丁当晚带一个女孩回家，而这个女孩可能已被感染艾滋病毒，马丁与之约会被感染后，会独自回家，在孤独中逐渐消瘦，最终死亡，将病毒一并带走，这是很伟大的。

如果有人被感染，我希望他能像马丁一样将病毒带走，而不是像滥交的皮特一样，在死亡之前将病毒又传染给另外 20 个人。

我很希望在酒吧里能碰到像马丁这样的好人。当他把一个未感染的女孩带回家时，实际上是保护她免于被感染；当他把一个已被感染的女孩带回家时，实际上避免了这个女孩将病毒传播给其他人，而这个"其他人"如果被感染，可能把病毒传播给更多的人。当然，不管怎样，我肯定还是希望马丁好运的。

可悲的是，一旦被感染，没有人愿意牺牲自己以中断病毒的传播路径。我们不太可能要求别人"为了把病毒带走，你应该和他/她睡，被感染后一个人死去"，从而使自己置身事外。那就好比要求别人"为了让你邻居的草坪保持干净，你应该卖了自己的吹叶机"，或者说，"在球场上看比赛时，为了让其他人看清楚比赛，你应该一直坐着"。关键点就在于对集体有利的往往对个人不利，这也就是为什么好的结果总是不属于我们。

如果多个性伴侣可以挽救生命，那么一夫一妻制就是致命的。想象一下，在一个绝大多数女性都坚持一夫一妻制的国家，所有的男性都需要两个女性伴侣,在这种情况下,只需要很少的妓女就可以满足这些男人。不久之后,妓女们感染了疾病,她们把疾病传染给这些男人,这些男人又把疾病带回家,并传染给他们坚持一夫一妻制的妻子,这样,所有的人都得病了。但如果女人们不再坚持一夫一妻制,而是每人都有一个婚外恋情人,一旦这样,妓女们就没有市场了,伴随着的就是病毒无法保持足够的传播速度以存续下去,说不定哪一天就消失了。

实际上,坚持一夫一妻制的妻子们"想开点",在道德层面上比马丁和琼们偶尔的风流韵事具有更深远的寓意,因为它表明,即便站在全社会的层面上,对性开放的适当宽容将有助于阻止艾滋病的传播,至少理论上是这样的。那么现实中是怎样的呢?这一想法是否具有可操作性?让我们看看克雷默教授的研究成果。基于可信且现实的假设基础之上,克雷默教授深入研究了人类选择性伴侣的内在机制,实验结果表明,道德因素在这一过程中依然起到至关重要的作用。想象一下,当平日里一本正经的邻居很罕见地在你面前展现出俏皮的一面,他真正做的却可能是努力与致命的困难相抗争。

以上是我们对"一夜情"持支持态度的原因之一,应该支持马丁们和琼们的深厚"友谊"。

另一个原因是:他们可能乐在其中。我们不能阻止人们对快乐的追求。毕竟，降低艾滋病的患病率不是唯一值得追求的目标，值得追求的目标还有很多，比如说快乐。如果我们只追求艾滋病患病率降低的话，我们应该彻底禁止性行为的发生。我们真正追求的是在既定数量的性接触的情况下，尽量降低疾病感染的发生率。这一发生率在数值上等于被感染数量除以性接触数量。为了实现这一目标，我们既可以降低"分子"，也可以增大"分母"。所以，在被感染人数既定的情况下，我们尽量增加人们性接触的数量可以起到相同的作用，当然，这里说的性接触是人们两相情愿的。即便马丁无法总坏麦克斯韦的"好事"，至少他可以给另外一个人带来快乐！

如果我们只是狂热追求艾滋病患病率的降低，就应该鼓励马丁们多出去"猎艳"。[①] 如果我们足够理性，追求性行为收益的最大化和成本（感染艾滋病的风险）的最小化，就更应该鼓励马丁们多出去"走走"，要"雨露均沾"。

经济学家们很清楚为什么性保守主义者对于"性事"越来越不感兴趣，因为他们的价值被低估。如果性保守主义者能够多宣

---

① 事实上，如上所述，如果我们偏执于追求艾滋病患病率的降低并且可以控制所有人的行为的话，我们应该宣布所有的性行为都是非法的；但如果我们追求艾滋病患病率的降低时只能控制马丁们和麦克斯韦们的行为的话，我们应该鼓励马丁们多与他人发生性行为，而不是制止，否则，麦克斯韦们将有机可乘。

扬一下他们的"英雄事迹",反艾滋病人士将给予他们更多的关注。但这并没有发生,因为我们很难辨别谁是性保守主义者,谁不是。对性保守主义者的鼓励不足又导致他们更不愿"走出来",如此循环。

做任何事都有成本和收益,婚外恋也不例外。找一个新的情人需要付出一定的成本并获得一定的收益,这是你自己的事;同时,对于对方来说,你也会让对方产生一定的成本、获得一定的收益,这是对方的事。如果你的履历过于"丰富",甚至可以用"不计后果""滥交"来形容,那么你将构成对方的一项"大成本"。大家本来在干净的"河流"中寻找自己的伴侣,你的进入可能污染整个"河流"。

但如果你是个小心谨慎且"口味"独特的保守主义者,你的加入将提高整个可选伴侣群的质量。仅仅跳进"河"里,你就可以让"河水"更加干净!"河里"的所有人都应该感谢你,你的加入提高了他们的安全系数。

像所有的公共河流一样,由性伙伴组成的这条"爱之河"也是制造污染的人多,自愿清洁的人少。工厂老板们为什么不愿意采取有力措施保护环境?因为他们无法从保护环境中得到足够的好处(也不会受到足够的处罚)。虽然他们可以获得一定的好处,比如清清的水、蓝蓝的天,但环境保护的绝大多数好处被我们所有人共享了。对于工厂老板来说，我们所有人都是无关紧要的陌生人。同样道理，为什么现实中总是缺少马丁们来与艾滋病"抗争"（虽然仅仅是陪琼们睡觉而已）？因为马丁们虽然获得了一定的"收益"（性快感），但更大的受益者是琼们、琼们的伴侣们，以及伴侣的伴侣……

从另一方面分析这个问题，我们会发现，马丁们的贞节观实际上危害了这条"爱之河"的环境，因为贞节观导致相对安全的马丁们远离这条"爱之河"，从而无法"清洁"爱之河。工厂老板们之所以敢肆无忌惮地污染环境，是因为他们只需要承担环境污染的部分后果，马丁们之所以老是待在家中不主动出去"走走"，也是因为他们不必为此承担全部后果。

上文关于"污染"的类比极具说服力，因为它点到了所有问题的内在本质。为了得出马丁与琼一夜情有助于降低疾病传播速度的结论，我们可能需要关于琼和麦克斯韦及其潜在性伙伴行为模式的假设，但要得出马丁与琼一夜情可以使整个社会变得更好的结论，就不需要任何假设了。当然，这一"更好"是指疾病传播这一成本的降低以及由此带来的性快感这一收益的增加。价值被低估，供应就会不足，是一条通用的准则，对"绿色健康"的马丁们的价值低估，将导致他们懒得出去"走走"，所以，找一个安全的一夜情对象也不是件容易的事。

通过以上的分析，我们可以得出以下结论：性保守主义者适当"放纵"自己将使周围更多的人受益。应该给予性保守主义者更多的鼓励，鼓励他们打破牢笼、释放自己，这样所有的人将受益匪浅。

使世界变得更美好的方法不是唯一的，降低疾病传播速度可以，增加人们从性行为中获得的快乐也可以。也许疾病传播的速度提高了，但如果人们可以从性行为中获得更多快乐的话也是值得的。

被"公共河流法则"掩盖的"清洁理论"告诉我们：我们至少可以获得一方面的好处——更少的疾病传播。克雷默教授的研究更为喜人，我们可以获得两方面的好处——更少的疾病传播和更多的鱼水之欢！

克雷默教授的研究表明，单纯地追求疾病传播速度的降低可以通过鼓励人们"适当"增加婚外恋情人来实现；对人们从中获得"超额收益"的终极追求，可以通过鼓励人们"更多"地增加婚外恋情人来实现。

那么，接下来的问题就是，如何鼓励马丁们多多"释放"自己呢？

我希望这本书能够为马丁们指明正确的方向，但问题是他们为什么要朝着这个方向走。即便他们阅读并且完全读懂了这本书，也很难找到一个合理的理由，为什么自己应该这么做？马丁们会依据自己的情况决定找几个情人、一周约会几次，他会选择最适合自己的"活跃程度"，不大可能因为一群名叫"琼"及其情人，以及情人的情人的陌生人希望他这样做而改变自己。

作为一个个体，马丁应该致力于使自己受益，而不是使他所处的社会受益。让工厂老板了解他如何污染环境、伤害周围的人很容易，但让他停止污染、停止伤害却很难。

我们需要一个比单纯说教更有效的方法。依据人们对环境问题的通常反应可以推断，通过强制立法的方式导致过多节欲一定会受到人们的普遍诟病。所以，作为价格体系的信奉者，我更偏好于设计一套合理的补贴机制，让有利于社会的行为得到更多的鼓励。

换句话说，我们应该向有更多情人的人支付特殊津贴。但这样做仍有问题，因为我们并不是希望所有的人都去找情人，比如麦克斯韦，就不应该再找情人。这一补贴机制的难点就在于如何既补贴了马丁们，以唤醒他们的"性趣"，同时又不补贴麦克斯韦们，以防止他们纵欲过度。

我们只应该补贴那些过往相对"清白"的人。不幸的是，这一点也很难做到，不仅仅因为麦克斯韦们会对自己的过往讳莫如深，而且因为我们还得看着他"拉长"的脸收集他同样长的"履历"资料。

如何辨别"马丁"和"麦克斯韦"？有什么东西是马丁们有的而麦克斯韦们没有？借书证也许是一个，我猜，麦克斯韦们的业余生活那么丰富，一定没有多少时间可以"浪费"在图书馆里。

问题得到一部分解决，但还不够。当不修边幅的马丁带着一丝疲倦沾沾自喜地来到还书处，工作人员怎么知道他已经完成"采野花"的义务，从而给他相应的津贴？还是他仅仅上演了一出好戏，以骗取津贴？

再思考一下这个问题：我们补贴的是马丁额外的性行为，而不是马丁自己，所以只有当马丁有额外性行为时我们才能补贴他，以增加整个社会"健康绿色"性行为的"有效供给"。我们需要找到一个方法，这个方法可以有效辨别马丁是否发生了额外性行为。像上面的分析一样，这个方法应该同样可以区分谨慎的马丁和滥交的麦克斯韦。

只有一个方法可以满足所有的条件：安全套免费或大力补贴安全套企业。为了获得免费安全套带来的好处，马丁就得使用它，从而增加了"安全性行为"的供给。相对于麦克斯韦来说，免费安全套对马丁更有价值，因为马丁是健康的，坚持使用安全套可以使其避免感染，而麦克斯韦已经被感染，用不用安全套意义不大。综上，大力补贴安全套企业或免费发放安全套既可以促使马

第1章 性，越多越安全

丁们"走出来"，以增加"安全性行为"的供给，也可以防止刺激麦克斯韦们做出更疯狂的举动。

凑巧的是，还有一个原因值得我们补贴安全套企业——使用安全套未得到充分、合理的回报。使用安全套不仅保护了自己，还保护了我们的性伙伴，以及性伙伴的性伙伴。但我们只获得了保护自己的回报，即健康，并未获得保护性伙伴，以及性伙伴的性伙伴的回报，因为他们无法确定你过去是否使用安全套，因而无法对你更加殷勤地求爱以作为回报。也就是说，我们没有获得使用安全套应该获得的所有回报，因此，安全套未被充分使用。

换句话说，人们太少使用安全套与人们性行为太少具有相同原因，都是因为采取有利于他人行为的人没有得到充分的回报。健康的马丁与琼发生关系是有利于琼未来性伙伴的（降低其感染疾病的风险）。同理，马丁使用安全套也是有利于马丁未来性伙伴的，但无论哪种情况，未来的性伙伴们都无法采取任何措施来影响马丁的行为，更无法对其有利于自己的行为给予相应回报。

经常听到补贴安全套具有两面性的论调，认为补贴或免费发放安全套既有好处也有坏处，好处是人们在"邂逅"数量既定的情况下可以有效降低传播疾病的风险，坏处是这似乎在鼓励人们多出轨。其实，这根本不是什么两面性，这明明就是一举两得。有了对安全套的补贴，原本不怎么使用安全套的人开始使用了，安全套使用不足的问题得到解决；有了对安全套的补贴，那些谨慎且小心的马丁们变得积极活跃，健康且安全的性行为供给不足的问题也解决了。

补贴安全套最主要的问题是安全套本身太便宜，我们可以很轻松地将安全套的价格从目前的一美元降到零，但即便是这样也很难将一对"性趣寡然"的男女"诱骗"到床上！

既然将安全套的价格降到零还不够，索性就降到零以下。换句话说，我们要给使用安全套的小伙伴们发放奖金，这个奖金最好只发给节制保守的马丁，而不发给滥交的麦克斯韦。沿着这一思路，记者奥利弗·莫顿提出一个"伟大"创想：考虑到节制保守的马丁们一般都比较害羞，不善于与异性交往，政府应该设立一项基金用于支持保守的马丁们"恋爱"，而放荡的麦克斯韦们由于不存在此方面的障碍，因而不能享受该福利。基金会的工作原则可以是：凭使用过的安全套来换取相应的约会基金。①

如果每个人的"风流史"都变得透明，关于谁应该得到补贴的问题就可以得到彻底解决，人们可以依据自己的性伙伴是否"身家清白"而决定是否给予相应的奖励。或许技术的发展将使这

---

① 我也曾向莫顿先生表达过此法易于造假的观点，莫顿先生回应称：造假确实是个问题，但我们不能因此而不作为，毕竟那些存在交友障碍的马丁们确实需要我们的帮助。

个问题最终迎刃而解。我曾以自己的龌龊之心色情地幻想着未来，也许不久之后技术的发展可以将监控器嵌入人的体内，并记录人们的性经历。设想一下这样的情景：一对男女浓情蜜意，干柴烈火，男孩褪去女孩最后的防线，注视着她的胴体，这时，嵌入式监控器上显示"第314次登录"。这将让人多么大跌眼镜。

或许还有其他更好的办法，网络杂志《石板》(*Slate*)的一位读者曾向我建议，我们可以通过提供艾滋病检测结果在线查询功能来解决这个问题，在网上输入你期望的性伴侣的姓名就可以查询到相应信息，比如"最近的一次阴性检测结果测试于2006年4月7日"这样的查询结果。为了保护隐私，我们可以设置"姓名+证件号"的查询方式，同时上传测试者的照片，防止你的伴侣向你提供假身份信息。看到这个建议的时候我很震惊，这么好的主意我怎么没想到？为什么没有人来实施这件事？但在这个建议变为现实之前，我们最应该做的可能是降低安全套的价格，移除地铁站内起消极作用的禁欲广告！

附录

1996年，《石板》杂志出版了这一章的精华版，文章引起数以百计的读者来信。相当多的读者来信既有思维深度又妙趣横生，对我完善上述内容起到相当大的作用。还有一部分来信除了骂我的一两行外，其他内容乏善可陈，对于这样的来信我一般都这样回复：给您造成的不悦我深表遗憾，但在骂我之前，请您准确指出哪些观点错误导致您生气，如果您能准确指出哪些内容有问题，并且确实有问题的话我会认真修改。多数情况下读者下次的来信就会更清晰透彻，并附加对我的歉意。其中还有少数读者，我们会多次交流探讨，我往往从中受益良多。

也有些读者的来信明显跑题，讨论的内容与我的文章相差十万八千里。比如有一位总是炫耀自己有很多证书的医学博士在信中宣称我的专栏文章"异常不幸"，并在《石板》杂志后续的版面中说明了理由。

我们生活在一个艾滋病毒肆虐的时代，病毒在异性之间的传播显著增加。很少有读者会为了别人的健康而使自己承受性爱的风险。不幸的是，成功猎得的一夜情正在使我们的寿命变短，而我们还浑然不知。

19世纪经济学领域最大的成就是形成了比较优势理论，该理论认为人们只要坚持自己最擅长的事就会成功（完整理论要比我描述的精妙得多，但这样一个简化版的说法就足够我用了）。比较优势理论可以很好地诠释为什么有的人可以成为医学博士，而有的人却只能进入需要一定逻辑思维能力才能获得成功的领域，比如说经济学领域。

其实，无论是大家刚刚读完的这一章还是原来登在《石板》杂志上的文章，都不可能激发大家为了别人的利益而让自己承受性行为带来的风险。确实，问题的关键点在于健康、安全的性行为"供给"太少了，而原因在于单纯、善良的马丁们对改变自己的行为模式毫无兴趣。如果你和你的配偶都坚守一夫一妻的忠贞观，你们不大可能得性病；如果我告诉你，你的忠贞观可能潜在地威胁到你邻居的生命，我也不希望你为了救他们而使自己置于风险之中。

设想这样一个场景：我写一篇文章，用于说明给烟囱装上除尘器的企业承担了更多的社会责任。不幸的是，安装除尘器会降低企业的利润，所以安装除尘器的企业数量要比我们期望的少得多，所以我们也许应该考虑给除尘器的安装提供补贴。

看看我们医学博士的思路：（1）除尘器会减少企业的利润，因而是件"坏事"；（2）很少有工厂老板会因为读了我的文章而增加除尘设施，所以我的文章"异常不幸"；（3）如果我们要讨论除尘设施，应该征求一篇好的文章。

以上第一点和第二点显然不成立（但如果真的有读者如此"愚昧"、如此利他，在看了一篇没什么道理的文章之后愿意增加自己的企业除尘方面努力的话，我们应该万分感谢他的这种"愚昧",我的文章也不再是"异常不幸",而是恰恰相反)。[①] 第三点无法从医学博士的回复中推论出来,并且这个策略无法给他人带来任何好处,因而彻底跑题了。

另一位读者的来信获得很多赞赏。他是一位内科医生,但在我看来更像一名记者。在信中,他表达了对我的文章可能产生的负面影响的担心,他说单纯的读者可能误解我的文章,从而变得像麦克斯韦一样滥交,进而导致疾病泛滥,人类面临灭顶之灾。一些读者甚至要求我撤回文章,补充完善准确的理由后再发表。按照他们的意思,如果一种观点可能引起别人误解的话,那么这种观点就应该被禁止。多么荒谬的逻辑。那个黑暗且漫长的时代(指欧洲黑暗的中世纪)已经过去,我不是生活在那个年代。

有一些问题是读者多次问到的,连同我的解答一并展示出来。

[①] 把这个类比说得更直白点:安装除尘器好比让马丁们变得更加活跃,虽然对马丁不利,但对他人有益。对你不利不一定是坏事,对他人有利也不一定能成为你这样做的理由。从另一个角度说,如果真有少量读者(也许是医学院的学生)容易被迷惑,听信我文中所言,增加了"健康、绿色"性行为的"有效供给",那将是我们所有人都应该感到万幸的事情。

第1章 性，越多越安全

问题一：假如真的如你所言，人们变得"稍微"放荡一点有助于降低艾滋病的传播，人们变得"特别"放荡是不是就能消灭艾滋病了？这样的结论不荒谬吗？

解答：这样的结论确实荒谬，因为这样的推论不合理，逻辑不成立，结论自然不成立。大变化和小变化不能采用相同的方法推导结论，适当节食有益于延年益寿是成立的，但因此而说绝食可以长生不老就荒谬了。

问题二：如你所言：轻度的性乱交能够降低艾滋病的传播，完全的性自制可以消灭艾滋病，不推崇性自制的积极意义，而只说性乱交的好处难道不是一种不负责任？

解答：这就像交通灯与禁止汽车上路的关系，交通灯有利于降低交通事故的发生率，禁止汽车上路可以消灭交通事故，只说交通灯的积极意义而不提倡禁止汽车上路有问题吗？显然没有。

问题的关键在于，禁止汽车上路和杜绝漫长婚姻生活中的婚外性行为均不现实，也不可取。如果有一天世界真的变成这样，我们并不会因此而多一些快乐，即便与之相关的死亡率大大降低。

大家都清楚，完美的一夫一妻制社会不会有艾滋病的问题，但那样不现实，我们还是生活在这样一个"俗世"中。作为一个作家，我希望我写的书是真实的、符合实际的。

025

问题三：稍微变得"放纵"一点有好处，稍微变得"保守"一点也有好处，只补贴变得"放纵"的是不是不太好？

解答：不是，这样做很好。因为两种好处截然不同，去向不一样。稍微变得"放纵"有利于整个社会，变得"保守"只有利于你自己。你已经得到变得"保守"的充分激励，所以就不需要再用补贴来激励你了。

问题四：你不觉得忽略了某些重要的问题吗？

解答：确实是，有些重要的问题我可能没有涉及，比如人类行为模式的变迁会触发艾滋病病毒的一系列进化，我想这一点至关重要，但我不能确定。再比如，至少一位读者坚信"只变得稍微放荡一点"是不可能的，这会引起社会文化的变迁，并最终导致人类在"放荡"的大路上一发不可收拾。我怀疑它的正确性，但我又无法证实它是错的，所以没有在文中涉及。

第 2 章　多子多孙，多福多寿

泰德·巴克斯特是美国老牌电视节目《玛丽·泰勒·摩尔秀》的一位新闻节目主持人，计划生养 6 个子女，希望其中一个能解决全球的人口问题。泰德不只是一名新闻节目主持人，更是一位自然经济学家。他的基本观点是：问题由人解决，所以，人越多被解决的问题就越多。

回顾历史会发现，一代人比一代人更富裕，我们比我们的爷爷富裕，我们的孙子也将比我们更富裕，为什么会这样？因为下代人搭了上代人创造力的便车。30 年前，我们的父辈只能看两三个频道的电视节目，画面是黑白的，也不能录下来以备下次观看；他们使用电动打字机，带"删除"键的就是最新型号，并被吹嘘为不可思议的伟大发明,这一"伟大发明"也只能让你删除最近录入的一个字符,如果恰巧需要删除之前录入的字符,就只能自认倒霉了。

我们应该感谢有线电视的发明者,应该感谢录像机的发明者,应该感谢电脑的发明者,是他们让我们的生活变得如此舒适,但在此之前,我们更应该感谢他们的父母,庆幸他们的父母不是"人口零增长"组织的成员,他们生下这些发明家,这些发明家才有机会使这个世界变得更加美好。

经济增长的引擎是技术,技术进步的引擎是人口。好的主意出自人的头脑,人口越多,奇思妙想就越多;奇思妙想越多,我们的世界就越精彩!

哈佛大学经济学家迈克尔·克雷默教授,对人类历史数百万年的资料进行了深入研究,研究结果与上述观点一致:人口增长促进技术进步,技术进步推动经济繁荣,经济繁荣又反过来促进人口增长(因为富足的社会可以抚养更多的儿童),从而形成良性循环。克雷默教授的研究引用了泰德·巴克斯特的成果,并得到了他的认可。

克雷默教授的观点建立在这样的假设基础之上:如果世界的人口数量增长一倍,出生的天才数量也将增长一倍。就像学生人数最多的高中,校队实力也往往最强一样,较大的人口基数可以孕育出更好的科学技术。并且，一个伟大的四分卫也仅仅是"一个"四分卫，而一个伟大的发明家可以使"所有人"变得更具生产力。同时，四分卫一毕业，他对球队的贡献也会停止，而发明家对人类的贡献永远不会消失。

实际情况还远不仅如此，有两个原因可能导致人口的规模效益超过克雷默教授最乐观的估计。首先，天才之间往往惺惺相惜，可以碰撞出智慧的火花，2000个天才能想出的奇思妙想数量要远高于1000个天才能想出的奇思妙想数量的两倍，这就是1+1>2。其次，人口众多意味着市场更大，天才们的发明有更大的用武之地，从而激励他们更努力地发明创造。所以，人口的自然增长不仅使天才的数量得以增加，而且激励着更多资质平凡如你我的普通人去不断挑战自己，不断提高自己，从而创造出更多"后天"的天才。

里士满联邦储备银行的两位经济学家曾在《美国经济评论》上发表一篇联合署名文章，认为只有当世界市场的规模大到足以让更多的企业创新能够获得合理回报的时候，工业革命和经济的大规模持续稳定增长才能够被触发。

现代意义上的人类最早出现在距今10万年前，在接下来的99800年中，几乎所有人都在贫困线附近挣扎，勉强可以维持温饱，他们的生活水平相当于现在美国家庭年收入 400~600 美元的标准。不排除个别地方、个别年代的收入水平略高于此，但最高不会超过此标准的两倍。当然，还有少量贵族，生活水平确实远高于此，但那毕竟是极少数，在数量统计上不具有意义。如果你出生于 18 世纪末之前的任何年代，你的生活水平极可能相当于现在年收入 1000 美元的水平，你的父母、祖父母是这个水平，你的儿子、孙子也不会与此相差太多。

然后到了 18 世纪末，距今也就数百年的工夫，改变出现了。人们开始变得富裕，越来越富裕，越来越富裕……至少在西方是这样，人们的年均收入开始出现前所未有的增长，年化增长率达到 0.75%，数十年后，同样的情况在全球其他地方纷纷上演。人类的生活水平在经历了数万年的停滞不前之后，终于实现了年复一年的稳定增长和持续改善，不久之后，人们对这种改善就习以为常了。今天，我们期待着自己的汽车、电脑、药品，以及自己的娱乐系统能够给自己一些新鲜感，以使自己平淡的生活有些新意！但在工业革命之前不是这样的，人们的生活水平一直停滞不前，收入水平忽然有了 0.75% 的年化增长率，人们都认为这是不可思议的！

随后，增长率有了更大的提高。到了 20 世纪上半叶，排除通货膨胀影响的人均年实际收入实现了 1.5% 的增长；到了 60 年代，

第 2 章 多子多孙，多福多寿

这一数字达到 2.3%，距今已经维持了 50 年左右的时间。光看数字很抽象，我给大家举个例子，说明一下这一数字代表的意义。

以美国家庭为例：如果你是一个美国中产，年收入 5 万美元左右，希望你的孩子成年后还能像你一样拥有适当的经济地位。假设从现在开始，收入保持 2.3% 的年增长率，25 年后他的年收入可以达到 89000 美元。依此类推，他们的孩子，他们的孙子，再过 25 年后年收入可以达到 158000 美元。如果还能继续保持 2.3% 的年增长率，在 400 年之后，他们的后代每天的收入可以达到 100 万美元。这个收入虽然比比尔·盖茨目前的收入水平稍低一点，但已经很不错了。我要强调一下，以上计算的所有金额都是扣除通货膨胀影响后的真金白银，它们与今天的美元具有相同的购买力。

如果这一数字令你惊讶，让你不敢相信我们可以创造如此天量财富的话，下面的分析可能让你更加吃惊：以上计算结果仅是对过去数百年发展趋势相对保守的估计，即假定年度增长率一直维持在 2.3% 的水平；但实际上，这一数字两百多年来一直在慢慢变大。还要记住一个事实，历史上任何一次巨大进步，在它真正变为现实之前，人们都不敢相信它会出现。公元 1 世纪弗朗提努斯就曾说：所有的发明创造已被穷尽，我看不到一点能够更进一步的希望。但事实呢？现在看来这句话是多么好笑。

MORE SEX IS SAFER SEX
反常识经济学4：
性越多越安全

　　与整个人类社会不断进步的大背景相比，短期内经济周期的起伏不定就像是一部大剧中的小插曲，微不足道。20世纪30年代美国发生了历史上著名的大萧条，人们的收入水平降到了20年前的水平。在那些年里，人们的生活水准与他们父辈的生活水准相当，而这在他们看来是不可忍受的。人们生活应该越来越好、生活水平应该越来越高成为一种社会共识，这种共识存在于人们的潜意识当中，被认为是理所当然的，而这实际上在整个人类历史上是第一次出现，是一个新现象，人类第一次对自己生活水平的提高如此自信，没有一个18世纪的政治家会问老百姓："你的生活比四年前过得更好了吗？"人们会以为他在做梦，因为没有人会相信现在的生活应该比四年前更好。

　　收入增长只是故事的一部分，我们不仅变得越来越富裕，而且工作时间越来越短，使用的产品质量越来越高。一百多年前，美国工人每周的平均劳动时间在60小时以上，今天，这一数字降到了35小时以下；一百多年前，只有6%的制造业工人可以享受到休假，今天，这一数字是90%；一百多年前，人们普遍10岁多点就得参加全职劳动，今天，童工已被完全禁止；一百多年前，只有26%的女性劳动者可以在65岁时退休，今天，超过80%的女性劳动者在65岁时已经退休了；一百多年前，家庭主妇们每天需要花费12个小时才能完成诸如洗衣、做饭、清洁、缝纫的家务活儿，今天，我们只需要3个小时就能完成。

1900年家庭主妇的"大洗之日"是这样度过的：首先，把盛满水的水壶放到炉子上，用木材或煤块给水加热；然后，开始洗衣服，纯手洗，冲洗干净了再用手或借助一种特殊的机械把衣服上的水拧干；之后是晒，晒干之后就是最麻烦的熨衣服，熨衣服用的烙铁需要在火炉里不断加热，直到能够熨衣服为止。整个洗衣过程大概需要花费八个半小时，家庭主妇们在这个过程中要走超过1英里（约1.6公里）的路程。我们能够对此如此清楚是因为，美国政府曾经专门雇用研究人员针对家庭主妇们洗衣服的过程进行跟踪研究，并详细地记录下来。

做家务不仅仅是洗衣服，20世纪初，多数家庭没有自来水，也没有集中供暖，所以家庭主妇的日常工作还包括打水和运煤。据测算，家庭主妇们每年要靠手推肩扛运送7吨煤和9000加仑（1加仑约为3.78立方米）的水。

到了1945年，洗衣机被发明出来，有些"女英雄"可以使用洗衣机洗衣服了。那时用洗衣机洗衣服，家庭主妇们的劳动量已经显著下降，所需的时间从八个半小时降到两个半小时，这个过程中家庭主妇们只需要走大约200米，而不是之前的1英里。如今的洗衣机功能更加强大，家庭主妇甚至不需要浪费一点时间在洗衣服上，你都不用看它一眼，洗衣机就帮你把衣服洗好了。购

MORE SEX IS SAFER SEX
反常识经济学4：
性越多越安全

买洗衣机也很方便，定制的洗衣机制造好后会直接送到你的家中。

今天，美国最穷的家庭（年收入低于15000美元的家庭）之中，99%的家庭拥有冰箱，64%的家庭拥有空调，97%的家庭拥有彩电（其中超过2/3安装了有线电视），60%的家庭拥有洗衣机和烘干机，超过一半的家庭拥有个人电脑（其中绝大多数都可以接入互联网）。

我们能买到的产品质量在不断提高。试着列一张2001年时的电子产品清单，看看那些产品的技术参数，你一定会惊讶于这十几年来我们所用产品质量的飞速提高！那年我的一个好友花费600美元买了一部130万像素的数码相机，没错，是130万像素，还不及现在的手机，但那时我们还兴奋于这部相机只有一磅半（约为0.68千克）重，却能存储相当于一个软盘的容量。

如果你还不信的话，我们再举个例子——医疗保健。你是愿意以今天的价格享受今天的医疗服务，还是愿意以1970年的价格享受1970年的医疗服务？我相信只要没有与世隔绝的人，都不会选择后者。近年来，医疗保健行业尽管经常因炒作而被普通大众诟病，但不得不说，现在的医疗保健服务比起以前，质量提高了很多，价格也降了很多。我们的生活水平提高了，寿命也更长了，这都得益于医疗保健行业的发展。同样是20岁的年轻人，100多年前，他的母亲可能已经离他而去，而现在，20岁的年轻人，他的祖母可能还天天陪着他。

可测量收入的增长——即便是最近200年来的显著增长也不能完全反映我们经济状况的改善。美国中产阶层的平均可测量收入比中世纪时欧洲君主的收入稍微低一点，但这丝毫不影响美国中产比欧洲君主过着更加"奢侈"的生活。我猜想，如果亨利八世在世的话，一定愿意用他的半个王国来换取青霉素的终身供应以及登录互联网。

这一增长趋势会不会一直持续下去？日子会不会越变越好？没有人知道，就像没有人知道地球会不会在10年内被小行星摧毁一样。但我们可以对这一问题做出有理有据的猜测，我们确实看到在过去的两百年间经济一直在持续增长（尽管会有小的波动，但不影响大趋势），并且增长速度一直在提高，丝毫未见势头减弱的迹象；我们也确实看到所有的经济增长都是由技术进步所驱动，是技术进步在促使经济稳定健康增长。为什么我们没有因为技术枯竭而陷入经济停滞？为什么技术在不断进步？我们可以合理推测，这是因为技术进步具有"自助补充能力"：原有技术可以诱发新技术的出现，新技术的出现又诱发更新技术的出现，周而复始。再考虑到克雷默教授的观点——"增长的财富可以养活更多的人，更多的人反过来又以更多的方法创造更多的财富"，我们对未来持有谨慎乐观的态度是十分合理的。

MORE SEX IS SAFER SEX
反常识经济学4：
性越多越安全

怀疑论者很容易就能发难：为什么有的国家人口很多，经济发展状况却很差？这其实也很正常，有些国家人口的自然优势非常明显——更多的人口意味着更多的能工巧匠以及更多的交易对象，但这一优势被政府的不当政策所削弱，这些政策限制人们依靠自己的天赋获得合理报酬，限制人们之间的自由交易等。当人口增长的优势都被消除后，剩下的就只能是人口增长的负面效应了。①

继续说人口多的优势。较大的人口规模不仅可以带给我们经济上的繁荣，还可以带给我们情感上的慰藉。我们对邻居好不仅是因为他可能成为我们潜在的交易对象，而且因为他可能成为我们潜在的朋友、潜在的恋人。我们对孩子们好也一样，不是因为他们有多强的赚钱能力，而是心甘情愿地对他们好。比起僻静的蒙大拿，人们更喜欢生活在热闹的纽约；比起周围的乡村，人们更喜欢生活在喧嚣的加尔各答。人是社会性动物，哪里人多，哪里优势就多。

人越多，世界越丰富多彩。室内乐、帆伞运动、埃塞俄比亚餐馆等小众活动之所以能幸存下来，是因为人口规模足够大，大

---

① 也有观点认为个别国家的人口数量不是本研究的相关变量，由于发明创造很容易从一个地方复制到另一个地方，从而传遍全球，所以全球人口才是合适的相关变量。

第 2 章　多子多孙，多福多寿

到有足够多的顾客养活这些运动的从业者。人口规模大，因而有各种特殊偏好的人也多，各种小众活动的参与人才足够多。要不是这个世界上有这么多人，喜欢这本书的奇葩就不会多到足以出版它。

生活在曼哈顿和底特律的朋友总是抱怨城市的拥挤与喧嚣，但只要他们还没搬离，我们就不必对他们的抱怨认真对待。美国有大量人少且安静的地方可以自由迁入，但至今都鲜有人问津！当被问及为什么生活在纽约时，曼哈顿人会告诉你，因为这里有剧院，这里有交响乐团，这里有更多的工作机会，这里有……其实他是在说：这里很拥挤。

人口增长可以带来若干好处，同样重要的是，这些好处都具有溢出效应。当我决定生个孩子的时候，你也可以从中受益。判断全球到底是人口过多还是不足，我们需要衡量溢出收益与溢出成本孰高孰低。

在那之前，我们需要先了解不带溢出效应的成本与收益。我女儿的出生使我家的人均收入降低了 1/3（原来收入分两份，现在需要分三份），如果不算收益（女儿出生带给全家人的快乐）的话，女儿出生那天可能是我人生中最差的一天，但如果考虑到这一好处，那可能是我人生中最快乐的一天。这样的分析是有道理

037

的，经济学家彼得·鲍尔曾指出：如果以人均收入作为衡量人们幸福指数唯一标准的话，家里的牲口下个崽儿都比自己的老婆生个孩子强。

多数情况下，不具有外溢性的私人成本和收益，与人口的数量问题决策无关，人们在考虑生几个孩子的时候，已经对这些成本和收益做出了充分且适当的考虑。事实情况也是这样，家庭规模与经济状况的改变密切相关。在世界各地都可以发现，教育产业的经济回报率越高的地区，家庭规模也越小，这样，人们才能承受孩子教育费用的增加。这一理论可以很好地解释，为什么19世纪时的家庭一般都有七八个孩子，而现在却很少有这样的大家庭。在世界各地还可以发现，儿童死亡率的下降与生育率的下降密切相关，换句话说，生的孩子越少，孩子被抚养成人的比例越高，如果你的所有孩子都顺利长大了，这得益于孩子生得少了。这也从侧面证实了多数孩子都是"选择"的结果，而不是"随机"的结果。

澳大利亚政府最近在小范围内实施了一个严谨的对比实验。按照澳大利亚法律，第一次生孩子的新妈妈可以享受一年的育婴假，其间政府还会按月发放一笔补贴，这一福利仅限于第一次生孩子的新妈妈享受。1990年，这一规定放宽了，生完第一胎后两年内生育第二胎的妈妈可以继续享受这一福利待遇。

新政策来得很突然。第一胎出生于 1990 年 6 月的"六月妈"适用旧政策，出生于 7 月的"七月妈"适用新政策。这一政策意向从 1989 年 11 月被提上议程，到次年 7 月开始实施，中间只有 8 个月左右的时间，而怀胎需要 10 个月左右的时间，因此从理论上分析，人们根本没有足够的时间来调整自己的生育计划，以选择自己是适用新政策还是适用旧政策，因此可以推定，作为一个"实验的参与者"，人们的行为是客观独立的，未受主观因素的干扰。

实验的结果是：相较于两年后要二胎的"六月妈"数量，"七月妈"的数量有 15% 的显著增长，继续跟踪 10 年后的状况，结果一致。

换句话说，人们的生育行为对外界的激励做出了积极反应，即便这一激励相对较小（澳大利亚政府的补贴仅相当于每月 350 美元）。无论有意识还是无意识，人们的心中都有一本账，计算着自己的所得和所失。

回过头来我们再看看现实情况。我说我想要一个女儿，意思是说无论生养她的成本多高我都愿意承受，我都认为她"值"。同样的逻辑也适用于你的父母，他们也是这么看待你的，否则你就不会出现了。这说明什么？说明人类不理性吗？不是。说明生养孩子除了具有很多显性的、相对易计算的、由当事人自己承担的成本和收益外，还有大量隐性的、难以计算的溢出成本和收益，这些成本和收益都被"当事人"以外的他人、大众或整个社会承担和享用。你，像我的女儿一样（其实所有人都是），使这个世界变得更加丰富多彩，给亲人带来宝贵的爱，甚至给世界带来新的发明创造。但这意味着整个世界应该为我生了女儿、为你的父母生了你而鼓掌吗？当然不是，除了这些溢出收益外，我们还有很多溢出成本需要承担。

但是要注意，哪些成本、收益可以溢出，哪些不可以溢出，二者很容易混淆。以资源消耗为例：只要生活，人们就需要从社会中索取食物、石油、土地等资源，你可能会想，你索取了资源，其他人能索取的就少了，你"占用"了他人的资源，虽然占用得不多，但还是占用了，你索取资源的成本溢出到了其他社会成员身上。这看似很有道理，其实是错的。因为，是否存在溢出，关键是看你如何"索取"这些资源。如果这些资源由你自己生产（比如种苹果），这显然不会占用任何人的资源。如果这些资源来自你与别人的公平交易，这显然也不会占用任何人的资源。（通过交易，虽然你从我这儿得到苹果、汽油或土地，但我从你那儿得到了我认为更有价值的东西。）只有当继承财产时你才真正"占用"了"他人"的资源，但这种"占用"也不会涉及其他社会大众,"他人"指的不是别人,而是你的兄弟姐妹。

这个特例是个临界点,经常被人误解。当人们谈论人口过多时经常说,如果少出生一个人,其他人分到的蛋糕就可以大一点。实际上,少出生一个人只会使他(她)的兄弟姐妹在分配他们的妈妈做的蛋糕时分得稍大点,其他人的蛋糕不会受到影响。

这一简单现象意味着每个家庭都可以自由地确定自己家庭的人口增长率,而不用考虑其他。大部分情况下,不会有家庭会因为其他家庭人口增长率的高低而受损,除非他们自愿受损。假如我和你各拥有 1000 英亩(1 英亩约为 4047 平方米)的土地,我的家庭人数每代都增加一倍,而你的家庭规模保持稳定不变,用不了十代人的时间,我的后代每人只能拥有不到 1 英亩的土地,而你的后代还是独自拥有着 1000 英亩的土地。可见,我的家庭高生育率的成本代价并没有溢出到你的家庭。

当然也有例外。如果我的家族过于庞大,无法养活新增人口,只能诉诸战争,以夺取你的土地,那样的话,溢出成本就真的出现了,你需要认真对待。同样,如果我是一个贼、一个污染大王或是政府的警卫,我的出生也会增加社会的溢出成本。并且不幸的是,通过掠夺、盗窃、政府征用等方式获得资源的人往往只有效利用了这些资源的极少部分,大部分资源都被浪费掉了。所以,除非少数特殊的人,多数社会成员的资源消耗不会带来社会的溢出成本。

有的家庭希望子女更加富裕，有的家庭则希望子女多多益善，无论哪种期望都无可厚非。只要彼此之间没有碰撞冲突，就不构成政策制定的难点，我们应该为世界的多样性而喝彩。

托马斯·马尔萨斯——史上"最可怜"的科学家之一，因主张控制人口增长而闻名于19世纪——曾悲观地预测人口增长的失控将导致无情的大饥荒，人们将生活在水深火热之中，现在看来是多么可笑。那么他的推测错在哪里？实际上，对其理论进行深入研究会发现，他有两点错误：既错误计算了人口增长的成本，又错误计算了人口增长的收益。

在计算收益时，马尔萨斯没有预料到由人口增长驱动的技术进步可以使粮食的产量以几何倍数飞速增长，并且持续增长，这一点令他十分惊讶。在计算成本时，马尔萨斯没有认识到每个家庭都可以自由地决定生几个孩子。无论食物供应状况如何，每个家庭都可以主动调整家庭成员的数量，在食物短缺时缩减人口，在食物丰富时增加人口，不用担心会有家庭因为人口过多而挨饿，如果真有，那也是他们自己选择的结果。

人们可能将"过度拥挤"看作人口增长的溢出成本，但实际上并不是。如果你感到拥挤，可以选择离开，如果你没有离开，说明"拥挤"完全是你的自愿,没有人要求你必须生活在"拥挤"的地方。你可以选择生活在弗吉尼亚的乡村,享受那份宁静与宽松,也可以选择生活在纽约,阅尽人世间的繁华!抛开"拥挤"只谈"繁华"是痴人说梦,不谈"荒凉"只谈"宁静"也是镜中花、水中月。

芝加哥人可以自由地搬到内布拉斯加州去住,加尔各答人也可以自由地搬到附近的乡村去住。为什么他们没有搬去?原因正是他们现在正在抱怨的,实际上,他们是喜欢拥挤的。为什么曼哈顿附近的房租高得上天,正是大家削尖了脑袋往这里挤造成的,人们更喜欢住在拥挤的地方。

纽约人会承认这一点,他们的行为已经承认。针对纽约市民的一次调查显示,37%的受访者表示如果可能的话,他们会搬离纽约。可实际情况是没有人搬离。他们当然拥有搬离的自由,可他们却没有这样做。从这一结果可以看出,纽约人嘴上欺骗了调查人员,他们的行为却暴露了他们的真实想法。

"拥挤"不应该被看作是个问题,因为,如果你不乐意,你可以随时离开。我知道,这个世界看上去人确实太多了,但早有人指出,如果用正确的方法把人叠起来,世界上所有的人也只能填满科罗拉多大峡谷。如果你觉得这样做太极端,不人道,也可以这样:把得克萨斯州分成若干5000平方英尺(1平方英尺约为

0.09平方米）的小块儿，每一小块儿上建一所房子，每一间房子中住一个四口之家，这样，全世界人民的住房问题就解决了。

许多很明显的溢出成本其实也是假的。比如说，当我出更高的价格购买你中意的一辆车，或者竞聘你心仪的工作岗位时，你可能会觉得我的行为损害了你的利益，构成了溢出成本。其实不是。因为这些成本都用于抵消其他收益了：当车价因为我的竞拍而提高，卖方得到了买方的损失，当事实证明我比你更适合那一工作岗位时，你的损失就是雇佣方（及其顾客）的收益。

"专业"的杞人忧天者总是思考些荒唐的问题。比如说他们会问：地球到底能养活多少人口？这其实不是一个适当的问题，因为地球也不知道它能养活多少人口，这不是地球能决定的。实际上，我们根本没有必要思考地球可以养活多少人，我们只需要思考在地球能养活的这些人中，你能够养活几口人，并据此决定生养几个孩子。如果有人想要挑战自己，多生几个孩子，这也与他人无关，唯一可以合理"抗议"的是他不堪重负的身体。

杞人忧天者还会问：人口这么多，把石油都用完了怎么办？（或其他不可再生资源都用完了怎么办？）这是另一个典型的"错误"问题，因为它暗含了这样的假设：邻居没有石油可用是因为

第 2 章 多子多孙,多福多寿

我们在使用,我们使用石油增加的不是自己的成本而是邻居的,如果世界上只剩他一个人,这个问题似乎就解决了。《鲁滨逊漂流记》中的鲁滨逊从来不会过多使用他的汽油,他只后悔自己没有多带点,考虑到他总共拥有的汽油量,他会尽其所能地精准决策现在使用多少、给未来留下多少。作为现实中的人类也会做这样合理的安排,所以,不用担心石油用完了怎么办,只需要担心自己能买得起多少就够了。

假设鲁滨逊会有孩子,也会有孙子,情况还是一样,他同样会做出精准的安排。他现在每多使用一加仑的汽油,他的孙子们就要少使用一加仑,当他做出用或不用的决策时,他已经把所有的问题都考虑清楚了。

假设岛上还有其他家庭怎么办?鲁滨逊只考虑自己不考虑大家还行吗?依然没有问题。鲁滨逊家族拥有汽油以及其他资产,别的家族也拥有各自的资产,他们可以选择交换或不交换,以及以何价格交换各自的资产。每个家庭会依据自己的情况来决定交换出去多少石油,保留多少石油(或其他资产)。大家各自做决策,互不干扰。

如果你担心自家的石油不够用,可以适当削减家族的规模;如果你觉得别人都生活在醉生梦死之中,全然不顾即将到来的灭顶之灾的话,你可以洗洗睡了,那不是你应该考虑的问题。这也许是个商机,你可以买更多的石油储存起来,你的孙子或许因此而变得更加富有。如果确有家庭不计后果、荒唐可笑,那也与你没有一毛钱的关系,生活会教给他们一切,让他们为自己的错误承担后果。

让我们思考下应该思考的问题:你、我,以及所有人,我们出生的意义到底是什么?是上天的恩赐,还是地狱的诅咒?

试图通过记录"功德簿"的方法解决这一难题是不现实的。你可以在"功德簿"上详细记录你对整个世界的"索取"以及"贡献",但你一定会在不经意间忽略掉某些重要的东西。炎热的夏天,被堵在路上一个晚上,困得受不了,你一定记得在你前面的家伙增加了你的成本,却忽视了发明空调的哥们儿也给你带来一缕清凉,这也是一种收益。你会记得拿着优惠券拖慢整个结账队伍的笨拙身影,却不一定记得冬天晚上的寒风中帮你换轮胎的好心人。纽约人总不忘抱怨纽约的拥挤,却不曾想不再拥挤的纽约和锡达拉皮兹市又有什么分别。

所以,与其记录一本漏洞百出的"功德簿",不如换一个思路解决这一问题。一个适当的方法是重构父母的决策机制,看看他们是如何决策是否要一个孩子的。在这一决策过程中,他们是否带有某种偏见?他们是更倾向于少计成本还是少计收益?

父母一般不会忽略生养孩子的成本,因为这些成本一般都集

第 2 章　多子多孙，多福多寿

中在各自家庭的内部：你的出生将引起你家庭资源的重新配置，包括有形资源如土地、无形资源如父母的关爱，你会将这样的一部分资源从你兄弟姐妹的手中"转移"走，仅此而已。换句话说，资源转移只发生在家庭内部，不会外溢，在这一过程中不存在外溢成本。就像过度拥挤不存在外溢成本一样，生孩子也一样，因为都是他们自愿的。

再来说说收益。每个人的存在都丰富了世界的多样性，给世界带来了更多的爱、友谊、新奇的想法以及其他，具有更大的发散性，因而更容易外溢。比如说，正在读这本书的你在我看来就给这个世界带来大量的外溢收益（如果是付费阅读就更好了）。如果你善于制作精良的捕鼠器，考虑到老鼠的巨大危害，你可称得上是功德无量。即便你只会对他人微笑，你也可以照亮整个世界无数个日夜！我们难以一一描述如此多的溢出收益，可以确定的是，这确实使世界上的芸芸众生受益匪浅。当然，你的父母不一定会考虑这么多。

所以，当父母考虑是否要生孩子时，实际上考虑了更多的成本和更少的收益，但他们仍然生下了我们——他们爱我们。从更广的社会视角看待这一现象：社会承担了所有的成本和收益，而我们个人在承担所有成本的同时却只享受了部分收益，我们确实是"亏本"了。

这一分析适用于绝大多数社会成员，除非他们把成本溢出到家庭之外，成为小偷、抢劫犯或"播音员"。

当决策者考虑更多的成本而考虑较少的收益时，往往变得过于保守，也就是说，父母生养孩子的数量要比社会所期望的数量少，从这个角度说，我们人口的增长速度还是太慢了。

人口增长的问题正好与环境污染的问题相反。污染环境的钢铁厂老板获得了生产钢铁的全部收益（即利润），却只负担了部分成本（他承担了生产钢铁的成本，却没有为损害人们的健康而负责），所以他会过度生产。生儿育女的父母承担了养育孩子的所有（至少是最多的）成本，却只获得了部分收益（他们可以获得自己对孩子的爱，却得不到别人对他们孩子的爱），所以他们"生产"不足。

从另一个角度看这一问题。如果他人生养了更多的孩子，那将是一件值得庆贺的事情：新出生的孩子可能使你的生活更加丰富，而抚养他长大成人的所有工作均由他人承担。因此，我们应该考虑对人们的生育行为给予补贴。正是由于缺少这种补贴，我们实际上是生育不足的。同样，由于没有适当的罚款或税收，我们的环境被过度污染了。

在某个地方有一位好姑娘，由于我不愿生个儿子，所以没办法提供一个儿子与她一起坠入爱河，因而她无法过上幸福快乐的生活。如果我像心疼自己的女儿一样心疼她，就应该把儿子生下来，让儿子与她结成连理。可是我没有，因为我觉得自己的孩子比别人的更重要，所以我过早地停止了生育。

换句话说，限制家庭规模是一种自私的表现。我可以理解个人自私的行为，却无法理解鼓励他人自私的行为，"人口零增长组织"（现更名为人口联合组织）不正在做这样的事吗？与此相比，寻找更多的方法补贴人们的生育行为意义更大。更多的人口不仅仅意味着更加繁荣，而且意味着更多志趣相投的朋友、更多陌生人之间的点滴温暖，甚至更容易找到生命中的真爱，这才是我们应该留给孩子的世界。

第3章 我小气，我光荣

之所以喜欢吝啬鬼埃比尼泽·斯克鲁奇[①]，原因是：他的居室局促昏暗，因为点灯需要花钱；房间阴冷潮湿，因为烧煤同样不是免费的；他的晚饭是麦片粥，那是他自己烧的，他不需要任何人为他服务，因而不用向任何人支付哪怕一毛钱。

斯克鲁奇被称作"小气鬼"，我认为是不公平的。自己不点灯可以把更多的汽油留给别人，自己空着盘子可以把更多的食物留给需要的人，什么样的人能够比这更大方？自己不雇用仆人，以

[①] 斯克鲁奇是狄更斯小说《圣诞颂歌》中的人物，是一个性情刻薄、冷酷的守财奴，他的员工连火鸡都买不起。在圣诞精灵的引导下，他逐渐变成了一个善良的人。本书作者借用了故事中的人物来表达自己的观点。——编者注

便让别人更容易雇用到仆人，什么样的邻居比这更仁慈？

吝啬是否有利社会，这个问题要比前两个复杂些。由于斯克鲁奇们需要的煤少了，因而矿工们只需要从地下挖取更少的煤就可以满足社会的需求。这是没有问题的。由于不需要为斯克鲁奇们挖取更多的煤，一些潜在的矿工得以解放，可以为社会提供更多其他类型的服务。

狄更斯曾给我们描绘这样一幅场景，住在固若金汤的豪华府邸中的市长大人，为了宴请一起庆祝圣诞节的宾客，雇用了50名厨师和管家忙里忙外，为大家服务。这样的排场也被认为符合市长大人的身份，宾客们宾至如归，十分满意，整个屋子都是褒扬市长大人慷慨的赞扬声。殊不知，市长大人的这座豪华府邸所用的砖块、砂浆和劳工，足够为几百人建造居所，而斯克鲁奇住的房子只有三间小屋子，没有雇用一个仆人。正是斯克鲁奇的"吝啬"，不雇用一个厨师或管家，才保证了其他需要服务的家庭更容易请到厨师和管家，这些家庭及其客人应该感谢斯克鲁奇，但他们对此却浑然不知。

世界上最慷慨大方的莫过于守财奴，他们本可以利用自己的财富耗尽世界上所有的资源，但他们没有这样做。吝啬与博爱唯一的区别是，所谓的慈善家只施舍自己想施舍的那一小部分，而守财奴却把他们的仁慈传播得更远、更广。

第 3 章 我小气，我光荣

如果你建造了一座房子却不住它，那么世界将因此而富余一套房子；如果你赚了一美元却不花它，那么世界也将因此而富余一美元。

那么，富余出来的钱去哪了？富余出来的商品最终使谁受益？这取决于斯克鲁奇省钱的方式。如果他把一元钱存到银行里，这一元钱正好使银行利率降低，生活在某地的某个朋友可能因此而能够负担得起一次度假，或重新装修一次房子；如果他把一元钱放到床底，减少了市场上的货币流通量，这一元钱正好使物价降低，生活在某地的那个朋友可能因此在晚餐时多点一份价值一元的咖啡。斯克鲁奇（小气鬼一号）无疑是个精明的投资家，把钱都贷出去以赚取利息；麦克老鸭（小气鬼二号）与斯克鲁奇齐名，但较为"保守"，喜欢把钱放在地下室里，看它们越堆越高。不管怎样，小气鬼一号降低了社会的利率水平，小气鬼二号降低了社会的物价水平，因两个小气鬼而受益的吃瓜群众何止万千，不会比市长大人过圣诞节请的人少。

这里有一个简单的算术法则：斯克鲁奇每少吃一口饭，将有一人因此而能够多吃一口。

这里也有一条不复杂的经济规律：如果一开始并没有人需要那多出来的一口饭，市场机制中的价格或利率等因素会自发调整，供给与需求重新匹配，直到有人想要那一口饭为止。

关于上述算术法则和经济规律的争论毫无意义，但当我第一次写文章为小气鬼正名时，铺天盖地的质疑声席卷而来。

他们的主要观点是：斯克鲁奇很富有，有一箱金子，但他不花。他的邻居卡斯伯特很穷，吃了上顿没下顿。如果斯克鲁奇能够雇用卡斯伯特做用人，并付给他金币，卡斯伯特就可以有钱买火鸡吃。因此，斯克鲁奇花得越多，卡斯伯特的日子越好过。

他们忽略了重要的一点：卡斯伯特的火鸡从哪来？不可能来自斯克鲁奇，他那么小气，一定不会送卡斯伯特一只火鸡。火鸡只能来自另一个与卡斯伯特有类似境遇的邻居，我们叫他埃格蒙德好了。

什么可以让埃格蒙德放弃他的火鸡？这取决于当地银行和商业系统的微小调整，最可能的状况是这样：由于卡斯伯特也加入买鸡的大军，卖鸡的老板发现鸡不够卖了，顾客比鸡还多，于是提价，价格一直提到一部分顾客买不起了才停止上涨。

事情也可能是这样：鸡价的上涨引发养鸡大户阿尔伯特扩大生产，养更多的鸡，但不久发现根本没有足够的劳力和饲料养更多的鸡，因此只能作罢，有一部分人于是买不到鸡，比如埃格蒙德。

不可回避的一点是，卡斯伯特的鸡不可能无中生有，也不可

第3章 我小气，我光荣

能来自斯克鲁奇，这意味着鸡只能来自其他地方。

一位读者与我争辩：斯克鲁奇囤积的金子本可以用于抚养矿工们嗷嗷待哺的孩子，可他却没有。关于这个问题我要说，不，那些金子本来也不能养育矿工们的孩子。黄金中含有的蛋白质、碳水化合物、脂肪和其他重要元素的含量都很低，但或许可以补充纤维素，所以最好不要吃金子。用黄金换取其他食物倒是可以，但这样一来，其他人可以换取的食物就又少了。这位读者无视这一事实，指责斯克鲁奇"从经济体中抽逃资金，那些资金的运动本可以使很多人受益，这些人现在却只能挨饿"。用"抽逃资金"这种时髦话来指责斯克鲁奇，却不停下来好好想想到底是怎么回事，对此，我也只能"呵呵"了。

像斯克鲁奇这样的人会令人不悦吗？会。他们从不在意自己的自制给别人留下了不少好处。他们确实给别人留下了很多东西，而且这些东西很重要。

斯克鲁奇自私吗？当然不自私，但他很吝啬，这二者不是一回事：自私总是希望占有更多的资源，而吝啬占用的资源更少，世上根本没有"自私的吝啬鬼"。

斯克鲁奇有慈悲心吗？也有，也没有。慈悲心指自己消耗少些，让别人消耗多些。斯克鲁奇已经使自己的消耗量达到最低值，从这一方面说，他已经达到最大限度的慈悲。另一方面，如果他不打算吃某样食物,而是送给另一个人,就会有其他人因此而吃不上这种食物。

1848年,旧金山附近,有人在萨特家的磨坊发现了黄金。在接下来的数年里,为了圆他们的淘金梦,超过30万淘金者迁徙到西部,其中多数都是踌躇满志的年轻人。当时,40岁以下的成年男子全美只有300万人。

由于这些雄心勃勃的年轻人都在加利福尼亚挖金子,因而没有人去经营农场,没有人去开杂货铺,没有人去做生意,而这些对社会的发展才更具意义。加利福尼亚淘金热对美国经济的冲击不亚于一次大型战争。

一些矿工发了财,但他们的工作对社会生产力的发展没有太大意义。最好的状况就是他们找到很多金子,但这些金子也没有太大的社会价值。我所说的没有太大社会价值是指,没人可以吃它,即便嗷嗷待哺的孩童也不能,也不能用它来做其他具有社会价值的事情,除了镶牙和制作漂亮的珠宝以外。

一个国家安排如此多年富力强的劳动者去做如此徒劳、无意义的工作是件疯狂的事情,就像我们现代人把一半左右年满18岁的年轻人送到大学里一样,在那里他们只会喝喝啤酒、玩玩飞碟,度过人生中最重要的四年。只是与19世纪的前辈们相比,现在的社会至少负担得起如此奢侈的行为。

致富有两种方式，一种是自己创造财富，一种是占有别人创造的财富。挖金子的矿工几乎不创造任何财富，还消耗别人创造的财富。那么，他消耗了谁的财富？

矿工们在一点一滴地窃取拥有黄金的人的财富。通过增加整个社会黄金的供给量，他们拉低了黄金的价格，尽管很微小，这一微小的价格降低使全世界拥有金砖或金项链的人们受损，数百万人的损失就是矿工们财富的真正来源。

没挖到金子的矿工既没有给自己创造财富，也没有给社会造成损失；挖到金子的矿工给自己创造了大量财富，却以整个社会的受损为代价。站在整个社会的角度，包括挖金子的矿工和其他社会成员，这是我们所有人的悲哀。

当今社会，加利福尼亚淘金热不再，德州扑克逐渐兴起，二者形同一则。这种游戏也可以使人一夜暴富，但同样对社会生产力的发展毫无益处。硬要说有一点积极意义的话就是，坐在沙发里的玩家或看台上的吃瓜群众可能会度过一个美好的夜晚。玩扑克，与挖金子一样，你赢的就是别人输的，你索取的就是别人损失的。唯一不同的是，玩扑克只能赢对面玩家的钱，挖金子却是窃取所有人的财富。

如果全世界有10%的人口全职玩扑克，世界经济将会降低一个档次。幸运的是这一点不会发生。十赌九输、久赌必输，玩扑克的基本都赚不到什么钱，进入这一行的自然就少了。但挖金子不同，至少在成千上万的人涌去淘金之前，挖金子的矿工基本都挣到钱了。所以，挖金子迅速演变为淘金热，而扑克热并没有真正形成。但不管怎么说，二者的出现都是社会的灾难，只是程度不同而已。

埋在矿井中的金子和放在仓库中的金子一样无害，但一旦有人把它挖出来或有人把它花出去的话，问题就来了。

"掘"金的过程和"造"污的过程非常类似，都是将无害的物质转化为有害的东西，当物价上涨时人们就都感受到它的危害了。事实上，掘金可能比造污的危害更大，因为污染物一般都是有用产品的副产品，而掘金则一无是处。采取措施抑制这样的活动是明智的，挖掘金矿本应该在数世纪前就重税废止。

守财奴的做法与淘金者的做法正好相反，淘金者把金子挖出来，守财奴把金子埋藏起来（至少类似这样，有时简直就是这样）。所以，如果淘金者应该被课以重税的话，守财奴们就应该得到补贴。

节约是一种慈善，也是一种博爱，我们的税制体系应该认可这一点。如果给予慈善事业以税收优惠是正当合理的话，给节

第 3 章 我小气，我光荣

约的人同样的税收优惠也在情理之中。你辛勤劳作赚取金钱却不消费，这是你对这个社会的贡献，无论你是把钱送给别人（慈善捐赠），还是把钱储存起来（节约或称之为吝啬），都是对社会的贡献。

当然，这个世界总是不缺试图怂恿人们耗尽自己储蓄的讨厌鬼，如果对收入课税合情合理的话，"它"也算合情合理。"它"指的是谁？指的就是个人养老金账户。个人养老金账户可以在你进行储蓄的情况下为你避税，也就是说，只要你让别人享受到你的劳动成果，就可以帮你避税，但现在已经不能了。

伟大的艺术家有时候可能并没有意识到他的作品的深层含义。《圣诞颂歌》的主要意义就在于认为不应该对"个人养老金账户"施加限制，作为作者的狄更斯可能都没有意识到这一点。"个人养老金账户"与税制对储蓄的鼓励，以及促进经济增长的目标均不矛盾。

如果圣诞节代表无私、代表分享的话，埃比尼泽·斯克鲁奇应该成为其最重要的代言人，对，就是那个老吝啬鬼，不是改造之后的那个。应该改造的是税收体系，而不是吝啬鬼。

第4章 谁是世界上最美的人

19世纪末,爱尔兰诗人威廉·巴特勒·叶芝在《致美丽青春》中写道:"我知道美丽的外表带来的回报。"现代计量经济学家对美丽的价值了解得更准确。排除受教育程度和工作经验的影响,漂亮的人——那些被面试者从一摞照片中找出来并被认定为"漂亮"的人,比我们这些相貌平平的芸芸众生平均多赚5%的工资。

正如漂亮可以获得奖励一样,丑陋就要受到"惩罚"。"丑女"比普通人的收入低5%左右,"丑男"比普通人的收入低10%左右。没错,职场对缺少吸引力的男性的惩罚更为严厉。

之所以会这样,是因为"丑女"往往已经被排除在职场之外,没有被统计在内。实际上,最丑的那一部分(被认定为颜值最低的6%的人群）已婚女性比其他女性获得工作机会的可能性低8%，这样的影响是重大的，但也只能部分地解释工资的性别差异。

男性的外表在其职场生涯的各个阶段均具有重要影响。帅气的男性无论在获得工作机会、起薪，还是加薪方面，均比其他男性有优势；漂亮的女性在加薪方面有优势，但在获得工作机会和起薪方面表现平平。

样貌欠佳的女性在职场中受的伤害可能比样貌欠佳的男性稍少，但她们在婚恋市场上受的伤害要多得多，最丑的女性只能配最次的丈夫（无论受教育程度还是发展潜力都是最次的）。但样貌的影响是非对称的，最漂亮的女性在婚恋市场上的表现并不怎么样，还达不到平均水平。对男性来说，样貌对婚恋前景的影响几乎可以忽略不计。

在职场中，样貌欠佳的男性比样貌欠佳的女性受伤更多，但对于女性，尤其是对白人女性来说，肥胖，是其受伤的重要原因。体重超标65磅往往意味着收入降低7%，换句话说，如果你确实是一个超重的白人女性，减肥65磅意味着省出了大学留级一年的费用，或者增加了三年的工作经验。对于男性和黑人女性来说，没有观测到体重对收入有任何影响。

以上并不足以证明外表的吸引力或苗条的身材可以导致成功，我们可能还需要寻找其他的路。高收入者可以负担较好的化妆品、更好的医疗保健条件，还可能借助整形手术；同时，他们也具有更高的自信心，可能因此而具有良好的生活起居习惯。

但这些因素对成功的影响都非常小，原因有两个。首先，即便你长得再帅，长得再漂亮，客户、上级对你再信任，都是有限度的，化妆品的作用可不是万能的。其次，收入与颜值的相关性在年轻组的统计关系中表现得较为显著，但年老组的数据显示，良好的保健和整容等维护颜值的方法对收入的影响甚微。

即便以上分析都成立，也不足以推出魅力导致成功的结论。也许还有第三个原因：良好的基因或良好的教养，或二者兼具。但即便我们忽略被调查者的家庭背景，成功与颜值的相关性依然存在，所以，这样的分析还不够。

谜底可能是，漂亮的外表也许真的可以导致成功。一些原因是显而易见的，首先，某些高薪职业只向最漂亮的人群开放，比如时尚模特和偶像剧主演。但这不能解释为什么漂亮的汽车修理工比样貌平平的修理工也挣得多，同样不能解释，为什么漂亮的教师比样貌平平的教师也挣得多。

老板们愿意向长得漂亮的员工支付额外的奖金，可能是因为他们让自己看着舒服。但如果真是这样的话，漂亮的"宝宝们"应该可以在各个行业中均能"大杀四方"，但实际情况不是，他们只集中在像消费品零售这样需要与客户有大量接触和交流的行业。

到你们当地的家居连锁店看看，比较下收银员和仓库工人的平均颜值你就会明白；或者，到当地的超市看看，超市的女收银员如此漂亮，我的一个同事戏称他终于明白为什么超市老板叫这个工作岗位"收银台"，原来全靠她们吸引顾客以"收银"。很明显，老板们雇用漂亮的员工并不是因为自己的嗜好，而是为了迎合顾客的需求。

长相甜美固然重要，长得高更重要。如果你身高达到6英尺，那么，你每年可以比隔壁同等资质但身高只有5英尺6英寸的"矮子"多赚6000美元。通常来说，排除受教育程度和工作经验的影响，身高每增加1英寸，年收入增加1000美元。身高和种族、性别一样，都是工资收入的决定性因素之一。身高对女性的影响和男性一样重要，即便对于一对长相一模一样（但身高差超出你预期）的双胞胎姐妹来说，高个的收入水平要显著高于矮个的。

身高不仅影响工资收入，而且影响晋升机会。我曾在一家中型公司的董事会任职，一次去参观下属工厂，发现自己只能看到前面的一半景色，就是因为自己太矮，被前面的同事挡住了。这些比我高的同事都是商界的"大佬"，非常成功。在美国历任的前43位总统中，只有5位的身高略低于平均身高，多数总统的身高要比他们时代的平均值高上几英寸。这43位总统中，身高最高

第4章 谁是世界上最美的人

的5位总统分别是亚布拉罕·林肯、林登·约翰逊、比尔·克林顿、托马斯·杰斐逊、富兰克林·罗斯福。顺便说一下，结合这些总统任期内的作为会发现，身高不仅有利于选举获胜，而且意味着破坏或修改宪法的倾向性更高。通过一项专门统计异常现象的工作发现一个有趣的事实，宪法的大部分篇章都出自身高最低的詹姆斯·麦迪逊之手，而这些内容几乎被比他高许多的后来者们破坏殆尽。

马尔科姆·格拉德威尔在他的畅销书《引爆点》（一本不可思议的书）中说："当我们看到一个高大的人，我们为之倾倒。"换言之，身材较高的人赚得较多是因为我们歧视身材矮的人。这是完全错误的，歧视其实与身高无关。

读者可能会觉得我们永远不可能搞清楚到底是怎么回事，但来自宾夕法尼亚大学的一个经济学家团队的研究成果，或多或少帮我们揭开了神秘的面纱：高中时个儿矮现在个儿高的人群，收入与矮个儿一样低；高中时个儿高现在个儿矮的人群，收入与高个儿一样高。

这一研究成果将"歧视"这一因素排除在工资差异原因的分析之外，很难想象雇主们怎样或为何要歧视员工过去的身高。少年时个头高，但在成年前就停止长个儿的矮个儿员工（成年后个头儿属于较低行列的）也会发展成为高薪员工，说明他们身上一定有雇主认为有价值的其他特性，比如说自信。高中时个儿高的少年往往把自己视作领袖，即便他们的身高已经停止生长，这一认知习惯也会一直存续下去。

青少年时期的自信心为何如此重要？部分的原因可能是，自信心一旦习得将伴随终身；也可能是自信的少年更乐于加入各种团队、俱乐部和社交组织，从而学会与人沟通交流的技能。这种参与精神难能可贵。宾夕法尼亚大学经济学家的报告指出：排除年龄、身高、地区和家庭背景的影响，积极参加竞技体育项目的员工相较其他员工可以多获得11.4%的工资收入，参加各种俱乐部唯独不参加竞技体育项目的员工可以多获得5.1%的工资收入。这些因素的影响可以部分解释少年时个头儿高将来会获得高工资的原因。

或者，这之间的因果关系根本就是相反的：也许不是自信心导致少年们乐于参加国际象棋俱乐部，而是在俱乐部中的成功激发了少年的自信心。但不论到底谁是因，谁是果，矮个儿的孩子一般不愿参加课外活动是我们都清楚的，而这些课外活动的参与对孩子将来的成功至关重要。

林肯敢于解放黑奴，克林顿敢于欺骗大陪审团，是因为他们在少年时习得可以通过他们的身高掌控全局吗？或许吧！但与个儿高相伴而生的不仅仅是自信，还有智商！

高个儿更为聪明（当然指平均水平）。通过多项覆盖所有年龄段的研究，我们已深知这一点多年，即便是学龄前儿童的标准化测试，高个儿的分数也比他们的同学高。只要这一标准化考试不是问很多只有高个儿的同学才知道的问题，诸如"你在独立日游行中能够看到什么"，测试结果就是客观公正的。普林斯顿两位非常聪明的经济学家（个头儿相当高）提出：高个儿与矮个儿智力上的差异可以完全解释身高与收入的相互关系。

如果完全是智力上的差异导致收入不同的话，为什么青少年时的身高可以比成年后的身高更好地预测收入？普林斯顿的经济学家这样解释：青少年时期的身高比成年后的身高能够更好地预测智力的发展。聪明的人不仅个儿高，他们个头儿"疯长"得更早。如果你16岁时5英尺4英寸，30岁时长到6英尺，一定没有16岁时就6英尺高，然后停止长个儿的人聪明。这似乎就是我们挣得比别人少的全部原因。

拥有美丽外表的人得到最好的工作，觅得最好的伴侣，获得最多的关注，只留下"渣渣"给我们，想想都让人心寒。但话说回来，长得好看的人就是好看。所以，当有一个特别漂亮的人进入我们的视线时，我们会有一种特别矛盾的心理，说到底，别人的貌美如花既可能成为我们的福音，也可能成为我们的诅咒！

也有一种说法，认为我们根本不会感到矛盾。当维罗妮卡盛装出现在舞会上美翻全场时，阿尔奇可能十分高兴，而贝蒂可能略有失落，唯独没有人会感到矛盾！

捋清维罗妮卡的美给阿尔奇带来的"收益"和给贝蒂带来的"成本"之后，我们就可以判断维罗妮卡的美到底是"清洁"了我们的社交圈，还是"污染"了我们的社交圈。如果是前者的话，你可能会建议给美丽以补贴。可以是直接补贴，比如在广场上给样貌最英俊的人发放现金；也可以是间接补贴，比如对化妆品和整形手术进行税收优惠。但如果是后者的话，我们也许应该通过重税来抑制美丽或对美丽有积极作用的产品。

到底应该补贴还是应该课以重税？答案部分取决于男性在意什么，部分取决于女性在意什么，部分取决于女性的外表与本来面目之间存在多大的差异。[①] 下面是一个思想实验（虚拟的实验）：假设女性在意自己的外表仅仅是因为男性在意，男性会娶最漂亮的女性为妻。那么，没有希望在拼颜值的竞争中获胜的女性就只能放弃。如果真是这样的话，为什么贝蒂明明知道维罗妮卡在舞会上会让她黯然失色，她还是在美发店花费一整天的时间？

既然贝蒂已经承认颜值拼不过维罗妮卡，维罗妮卡就没有动

[①] 在这个地方必须指定性别才能继续讨论下去，如果你不喜欢我的选择，可以把下文中的"男性"和"女性"进行互换，效果是一样的。

力再打扮自己了。这对我们"外貌协会"的人来说不是好事,所以,我们也许应该对努力"美丽"的女性给予补贴,以使她们获得充分的激励,努力"美化"这个世界。①

但如果女性都认为自己有机会超越对方的话,我们将面临另一种类型的问题。贝蒂的发型胜过维罗妮卡,维罗妮卡在美甲上更胜一筹,贝蒂比维罗妮卡的脸蛋更精致,维罗妮卡通过"抽脂"身材上扳回一城……最终,她们两个之中只有一个能在这场"美丽竞赛"中获胜,但在整个过程中,大量的资源都被浪费了。

自始至终,她们俩的竞争都使阿尔奇获益,构成溢出收益;使对方受损,构成溢出成本。把收益和成本进行对比,观察其净效益,可以得出"美丽"到底是太多还是太少的结论,进而成为建议对之进行补贴或课以重税的有力证据。

我们还可以将问题进一步深化,当阿尔奇选择了维罗妮卡之后,他是希望贝蒂变得更漂亮还是变得更丑?这一点非常重要:有很多漂亮女孩可以欣赏,与明白自己已经选择了最漂亮的女孩,哪个更重要?

---

① 也可以不对美丽进行补贴,而对丑陋进行惩罚。1970 年我进入芝加哥大学时,曾在书上看到一条"法律":禁止难看的或恶心的人出现在公共场所。在那些日子里,对这一"法律"的严格执行比在图书馆天天泡着更毁芝加哥大学学生的身体。

MORE SEX IS SAFER SEX
反常识经济学4：
性越多越安全

贝蒂的变美之旅使与之竞争的女孩受损，让可以一睹她的芳容的男孩受益，也可能让急于炫耀自己女友的男孩受损。总之，很难说清楚美丽到底给社会带来的收益多还是损失多，所以，也很难说到底应该采取什么政策才合适。

如果美丽可以引发一场破坏性巨大的美丽竞赛，那么财富更是可以再次掀起一场江湖的"腥风血雨"。这一现象古已有之。如果我们每个人的目标就是比隔壁老王更富有，那么我和你（就像拼颜值的贝蒂和维罗妮卡）可能因此而拼了老命地疯狂工作直至瘦骨嶙峋，在相互造成一万点的伤害之后，成为收入排行榜上的常客。

真的会这样吗？这取决于人们真正在意的是什么，是变得富有，还是变得比邻居更富有？如果人们仅仅因为个人原因追求财富的话，不会产生公共河流的溢出问题：我们各自决定工作的努力程度，并承担其结果。但如果人们追求的是财富排行榜上的排名，你和我的努力就可能相互抵消，就像前文中的吹落叶的故事一样，吹来吹去都白忙活了。

同时，我们也应该对"财富大比拼"的对立面——"比穷"抱以同样的关注。我希望做财富排行榜上最穷的人，我的邻居越富有，就会举办越豪华的聚会，说不定还会带我去拉斯韦加斯度假；邻居们越炫富，越不用担心小偷光顾我的家。

绝大部分经济学家遵循这样的传统假设：绝对财富，绝对重要；相对地位，相对不重要，只有绝对的财富量才是有意义的。这一点饱受非经济学人士的质疑和讥笑。质疑者们喜欢用中世纪的贵族和现在的注册会计师们举例子进行反驳，他们认为中世纪的贵族一定比现在的注册会计师更快乐，即便注册会计师们的收入高得上天，与贵族们的财富差不多。但古人云：如果你觉得一件事很容易想得明白，那是因为你想得不够细致。这里也不例外，非经济学家们可能忽略了一些细节，比如中世纪的疾病、人与人之间的隔离，以及生活的单调等。

孰对孰错？让我们对比一下两个时代的物价，也许可以从中发现有价值的信息。两组价格：亨利·都铎购买英国王位的价格和赫鲁晓夫购买苏联总书记的价格。从相对价格的角度看，这两组价格应该是相近的，都是为了成为高度分化社会中的老大；从绝对价格看，差别很大，赫鲁晓夫的出价要高得多：即便最悲观的估算，苏联经济的产出也远高于都铎王朝时期的英国。如果相对收入假说正确的话，两个帝国的价值应该是相近的；如果绝对收入假说正确的话，赫鲁晓夫应该支付了更高的价格（可能以冒更大风险的方式进行支付），这是竞争使然。

很难说亨利与赫鲁晓夫谁冒的风险更大，所以二者的比较十分复杂。一个是：预期寿命 35 岁，但有 30% 的可能在战争中死去；另一个是：预期寿命 65 岁，但有 20% 的可能在古拉格集中营中死去。哪个风险更大？考虑到亨利与赫鲁晓夫的非典型性，这样的对比可能毫无意义。很难现在就得出可靠的结论，但我们已经有了很好的开始。

也许以现代的政治家为例更为合适，因为他们的看家本领就是迎合大众在意的事情（因而更具时代典型性），这一点我想应该是毋庸置疑的。在任的政客都喜欢吹嘘当前的经济形势一片大好，大概是因为选民们都希望自己能赶上经济腾飞的浪潮，即便这些浪潮可能打翻很多人的船。

换句话说：如果选民们更在意的是相对财富的话，为什么政客们要花费九牛二虎之力吹嘘自己为绝对财富的增加做出了重大努力？

确实是这样的，如果人们更在意相对财富，在任的政客们都可以到处宣扬"请选我，我在任的四年时局维艰"。选民们当然不会选举使自己的生活变差的政客，但会选使别人的生活变得更差的政客。说到这儿你大概已经明白：你自己的生活变得更好才是最重要的，而不是比别人的生活变得更好。不然的话，政客可以通过宣扬自己能使所有人的生活变得更差，从而使你的生活变得相对更好，赢得你的支持。没有政客实施这样竞选策略的事实说明，相对地位并非那么重要。①

质疑相对财富重要性的证据还有：没人会相信"相对休闲"或"相对风险"之类的理论。你是在意自己假期的长度，还是更在意假期是否比邻居的长？你是在意自己车上安全气囊的工作性能，还是更在意气囊是否是朋友当中最好的？答案通常都是前者。如果我们是这样看待"休闲"和"风险"的，为什么不能以同样的方式看待财富？

康奈尔大学的罗伯特·弗兰克是持不同观点的经济学家之一，他认为相对财富很重要，并且写了一本书《奢侈病》来诠释他的观点。我拜读完他的大作后觉得非常不值得信服，并且写了一篇长评解释我的观点。但书中有许多精彩的经济学推理值得推崇，比如我非常欣赏弗兰克教授细致入微的观察。他注意到，在工作场合，如果人们更在意自己相对地位的话，高效率员工应该把低效率员工看作自己的"福音"，而低效率员工应该把高效率员工看作自己的"诅咒"，因此，效率最低的员工应该得到奖励（否则他就没有动力再坚持下去了），效率最高的员工应该被扣掉部分工资

---

① 有一个微妙的区别需要提一下：即便你更在意相对地位，你也会支持未来的经济进步，因为变得更富有的快乐会超过看到所有人也变得更富有而带来的痛苦。如果你依旧认为相对地位更重要，你会因为看到过去的进步而沮丧，因为不仅仅是你享受了过去的进步，其他人也享受了过去的进步。

（因为部分工资已经以"地位"的方式发放过了）。

我欣赏这一观察推理是因为它思路清晰、逻辑性强、令人信服，在细致阐述假设的基础上推导出令人惊讶的结论。但他的错误也是不言而喻的，至少在我的经验中，决定是否雇用一个新职员通常是看"雇用他是否会提高我们的平均业绩"，从来没有听说过是看"雇用他是否可以衬托出其他员工更加优秀"。

鉴于此，很多研究者就此问题进行深入分析，也写出了许多思路清晰、逻辑性强、令人信服的好论文，但结论与罗伯特·弗兰克的完全不同。我最欣赏的一篇论文由哈罗德·科尔、乔治·迈尔斯和安德鲁·普斯特怀特三人（下文中统一简称为"科迈普"三人组）共同完成。

和弗兰克教授一样，"科迈普"三人组也假设人们在意相对地位，但比之更好的是，他们推理出更加完整的理论，用于解释为什么人们在意，因为更高的相对地位可以获得更好的伴侣。之后，他们用细致缜密的逻辑，推导出在此假设基础之上，世界应该是怎样运行的。他们得出的结论之一是：社会成员之间为了获得更好伴侣的竞争导致多数人储蓄过度（而不是储蓄不足，这一点与弗兰克教授的结论不同）。年轻人过度储蓄是为了改善他们的预期前景，老人过度储蓄是为了改善他们孩子的预期前景。如果我们能够就停止过度储蓄行为达成一致意见，所有人将从中受益：在不改变伴侣竞争格局的基础上,增加我们所有人可用于消费的货币。当然,这种过度储蓄行为会增加当代人的成本,但会使后代人受益。

当人们通过储蓄来进行竞争时,富人们往往具有先发优势,所以,"科迈普"三人组的理论认为社会收入不均的问题将会愈演愈烈。但当收入差距大到穷人们失去改变自己相对低位的所有希望时,过度储蓄的动力就会消失,这时,收入差距开始缩小。

我们对"科迈普"三人组的假设条件进行微调,该理论会变得更加有趣。假设有这样一位贵族,他潜在的伴侣不仅在意财富,而且在意继承地位。注意,这样的贵族是很难持续存在下去的:够富有但地位低的男人只能娶不够富有但地位高的女人,不够富有但地位高的男人只能娶够富有但地位低的女人。换句话说,如果寻找伴侣退化成特罗洛普小说里的情景(按各自条件进行配对),那么整个社会的基本框架将会最终崩塌。不够富有地位又低的家庭可以通过几代人的"疯狂储蓄",使家族跻身贵族之列,但整个社会还是难逃最终崩溃的局面。

"幸运"的是,"科迈普"三人组已经为这样的贵族找到使其永远存续下去的方法。如果"混合"婚姻(高低配的婚姻,违反条件相当才能配对的原则)的孩子将被降级为最低等的贵族,那么,这样的婚姻将被有效阻止。如果一个地位低下的男人想打破社会阶层的牢笼,改善自己及孩子社会地位的话,就需要疯狂储蓄。"科迈普"三人组已经证明这是可能成功的,但需要这样的社会"叛逆者"保持高得离谱的储蓄率才行。不管怎样,这样的贵族还是可以延续下去的。

妙处就在这里:假设有两个完全一样的社会体系,姑且称之为"上水村"和"下水村",它们的人口数量一样、技术一样,人们对所有事的选择权也一样,经济学家们一般认为这些前提条件很重要。但有一点不同,上水村靠财富吸引伴侣,下水村靠世袭的地位吸引伴侣。这两个传统都可以保证各自的社会体系永续下去,但经过一段时间后,两个村的生活水准将有天壤之别,原因就在于两村村民储蓄的动力千差万别,而储蓄是经济增长的引擎之一(另一个引擎是技术,我们已经假设技术一样)。随着时间的流逝,上水村将越来越富有,而下水村将继续贫困。

这个理论的精髓,在于说明社会文化的标准将对人们的生活方式产生重大影响。当然,除了经济学家们还不知道这一点,其他人早就清楚这一点了。"科迈普"三人组的研究成果令我们耳目一新:即便沿用经济学家们关于人类行为的所有简化假设,我们依然可以发现,文化标准对经济增长有重大影响。

我们可以将这个理论继续深化。假设存在这样的社会体系:身份地位不是按照血统传递的,而是按照学识、身体素质、肤色的暗度、身高或者颜值传递，结果怎样我们不得而知，但显而易见的是，每个社会体系都会沿着完全不同的轨迹进化演变。

但是，这些社会体系最初的差异是怎样产生的？按照"科迈普"三人组的说法，部分答案是文化标准一旦形成便具有"自续"功能，即便这些文化标准的出现单纯是由随机因素造成的。如果可能的话，我们希望有这样一系列的纯随机因素产生，但我不确定是否有人能够告诉我们，这样到底是幸运还是不幸。

第 5 章 童工

戴维·利文斯通博士，一位非洲开拓者，医生传教士，是维多利亚时代的英雄之一。10 岁时他便开始了自己的职业生涯，在当地一家棉纺厂，每周工作 84 小时。这在当时很常见，也就是说，在 19 世纪 20 年代，这是典型的英国孩子成长的方式。

我们可以预见，利文斯通博士看到今天的大学生，一定会非常困惑。他们手持电子记事簿，身携苹果随身听，每年交 20000 美元的学费，就来上几节课，整日无聊地聚集在校园里玩玩飞碟，在每年春季抗议第三世界国家使用童工的仪式上大声呐喊着。

学生抗议者们能对处在饥饿边缘的非洲儿童说的就是：克制、放松，让生活轻松点。这就是抗议者要求签署贸易协定的内容，通过限制非洲童工们工作的时间，改善童工们的工作环境来"保护"他们。戴维·利文斯通童年时就通过劳动供自己念完医学课程，他是真的关心非洲儿童的福祉，但他对抗议者们可能会有不同的建议。

第三世界国家的人民非常贫困，就像19世纪中叶的英国和美国一样。贫困意味着需要做出艰难的抉择，比如是多干活儿，还是少吃饭。没有哪个选项是真正轻松的，谁做出的抉择都高明不到哪儿去。那些妄图建议让美国和欧洲的中产阶层"帮助"非洲和亚洲的家庭做出决策，并由其承担后果的示威者，不是只有一点点的自大，简直就是狂妄至极。

实际上，第三世界国家的人民正在做出的选择与美国及其他西方国家曾经做出的选择一样明智。回到我们还很穷的19世纪，我们也对环境漠不关心，我们也无暇顾及家庭和亲人，就像现在他们做的。他们工作时间长、工作条件苦、工作环境差，都是为了赚取足够的食物，他们让自己还是儿童的孩子出来工作，就像我们的先辈曾经做的一样。在1860年的英国，大约37%的10~14岁男孩被界定为雇用他们是"有利可图的"，在那个年代，想达到"雇用有利可图"必须让儿童每周工作超过60小时。在当前的非洲，这一童工比例在30%以下，在印度还不到非洲的一半。所以，当前的童工比例已经比历史水平低出许多。

第5章 童工

随着生活的好转，童工逐渐退出劳动大军。1890—1930年的美国，人均收入上涨75%，童工占比也以相同的速度下降。无独有偶，在第三世界国家，童工占比自1950年以来已呈稳定下降趋势，这部分得益于收入的上涨，即便收入水平还相当低。

为什么第三世界国家的父母愿意将自己的孩子送去艰苦的地方工作，以赚取微薄的工资？是他们屈服于发达国家公司或其他外界力量的压力吗？当然不是。维多利亚时代的英国没有外国公司，孩子们依旧出来工作。很显然，童工是人类社会对贫困的自然反应。

孩子们是被关心他们的父母送去当童工的，这对于没有经历过极度贫困、享受着特权的西方人来说过于残忍。历史告诉我们，不是外来者，正是孩子的父母把孩子变成童工。

下面的问题是，第三世界国家的父母是否真的把孩子的最大利益放在心上？答案似乎是肯定的。在发展中国家的多项研究显示，大部分父母会在条件允许时尽快让孩子们脱离童工。这似乎证明第三世界国家的父母一样关心他们的孩子（事实证明，他们以父母应该关心的程度关心自己的孩子）。

当疼爱孩子的父母做出送孩子去工作的决定时，我们没有丝毫理由去谴责什么，因为结果都由他们自己承担。尤其是，那些没有经历过任何类似痛苦境遇的人，对这些父母的谴责是毫无道理的。每一个生活在 19 世纪 40 年代、经历过类似境遇、具有同情心的美国人，都会为某些人否定非洲和亚洲人民选择权的想法感到震惊。

如果说西方国家历史上曾经的经历与现代第三世界国家的境况有什么根本区别的话，那就是：当我们也很贫困的时候，没有富有的国家，因而没有人可以对我们施以援手。现在印度和非洲依旧贫困，但我们有能力提供帮助。有人认为我们施以援手是理所当然的，但也有人不认同。不管你赞成哪种观点，都不应该主张：既目睹第三世界国家深陷贫困之中，又否决他们做出的合理应对机制。

美国和欧洲国家是否有道义上的责任去消除全世界的贫困？如果有的话，我们是否应该满载装满现金的箱子送到各个第三世界国家？就这一问题开展全国性的、深入的大讨论非常具有教育意义，但别错误地把反血汗工厂运动作为重要贡献纳入该讨论中。关闭血汗工厂不会减少国外的贫困（有时会要求部分美国人做出实实在在的牺牲），相反，这是外国投资者对改善第三世界贫穷状况的直接回应，是一个艰难的抉择。这一回应受到反血汗工厂人士的认可，做到了克制、放松、爱护环境，人们不用过分担心下一顿饭没有着落。这同时再一次证明，全世界穷人的日子都不好过，无论是在美国还是其他地方。

第 5 章 童工

　　禁止强迫劳动和制定环保标准可以阻人耳舌，却不利于减轻人们的贫困。相反，这样会强迫穷人"购买"很多只有富人才会享有的商品，比如清洁的空气、干净的饮用水和闲暇的时间。如果你并不觉得清洁的空气和闲暇的时间是奢侈品，那是因为我们国家已经足够富裕，即便最穷的人都已经忘记什么才是真正的贫穷。有机会的话问问你的曾曾祖父，他会告诉你什么是真正的贫穷：当你负担不起清洁的空气时，你就是个真正的穷人。19 世纪 70 年代的美国没有人关注环境是否被污染，就是因为贫困。

　　如果你认为可以既让第三世界国家的人民摆脱贫困，又让他们按照发达国家的方式安排劳动和对待环境，二者可以兼得的话，为什么不呢？为什么不要求他们也都人手一台索尼游戏机呢？毕竟，游戏机可以给人们带来快乐。原因是一样的，我们可以负担得起，但他们不能，无论是游戏机还是对待劳动和环境的方式。反血汗工厂运动的人无视这些，却沉浸在自己的傲慢当中。

083

MORE SEX IS SAFER SEX

第二部分

搞定一切

上次碰到飞机超员是什么时候？预订了机票却发现没有座位，是不是很尴尬？在经济学家朱利安·西蒙想出那个"疯狂"的办法之前，这样的情况经常发生。西蒙的办法是什么？其实很简单，通过"贿赂"，让一部分乘客自愿放弃机票，问题就解决了。从此，依靠运气才能赶上女儿婚礼的日子一去不复返。

在那段同样悲惨的日子里，非洲大象几乎被屠杀殆尽！在津巴布韦政府想出同样"疯狂"的主意之前，禁猎令并没有有效阻止坚定的偷猎者的偷猎行为，反而使他们愈加猖獗。津巴布韦政府的想法多"疯狂"？让老百姓保护大象。没错，通过将大象"送"给当地的村民，大象得到了有效的保护。偷猎者通常在一个地方偷猎，偷猎完大象就会离开，而当地村民不一样，他们会世世代代生活在这里，所以，他们明白，只要保护好大象，这些大象就永远属于他们。有人会问村民不会猎杀大象吗？会，但他们明白这些大象属于他们，今天杀完了明天就没有了，所以他们不像偷猎者一样，要把大象赶尽杀绝，而是只猎杀一定的比例，以使大象可以休养生息。并且,村民们自觉把保护大象、驱赶偷猎者当作自己的职责,结果人与大象和谐共处,不仅大象的"象口"数量飙升,当地的乡村经济也变得繁荣起来。

但猛犸象和美洲水牛就没有这样的运气。由于当时没有人想出这么"疯狂"的办法保护它们,在偷猎者的枪口之下,猛犸象彻底灭绝,美洲水牛几近灭绝。但肉牛(生来供人食用的牛)却幸免于此,并且"牛口"数量稳定增长,族群发展良好。几乎没有任何自保能力的它们为何得以幸存?原因与津巴布韦的大象一样:它们有自己的主人。

上述办法可以归结为一点:当人们能够切身感受到自己行为的成本时,很多问题就会得到缓解。坐了我的航班就意味着放弃一笔潜在的"贿赂";今天多杀一头大象,明天就得少杀好几头大象;"牛口"数量太少,早晚你得破产。

这就是为什么经济学家们为可口可乐公司推出新的售卖机喝彩的原因。这种售卖机可以监控天气,并在特别炎热的午后自动给可乐提价。我们为这家公司找到了一个可以使更渴的人得到更多可乐的新方法喝彩。自动售卖机生意很好,在炎热的天气生意会更好,在这种情况下,我们应该考虑如何在机器中留更多的可乐给更渴的人,这一新型售卖机就是解决方法之一。如果你要拿走"我的"可乐,就要承担与这瓶可乐需求程度相匹配的价格,也就是要付出比平时价格更多的钱。

但普通大众不这么看这个问题，可口可乐公司最终取消了这种新型机器。很明显，放弃预订的机票得到"贿金"受到大众欢迎是因为，大家感觉航空公司"补偿"了他们；热天以高价销售可乐受到大家抵制是因为，大家感觉自己"补偿"了可乐公司。但到底谁吃亏谁占便宜，可能仅取决于你看问题的方式。消费者可以说"热天里可乐涨价了"，可口可乐公司也可以说"天凉快时可乐在打折销售"。同一问题的不同表述方式，对我们思考很多新问题有重要的启发意义。

工程师研究如何利用自然界的力量，经济学家研究如何利用激励措施的力量，人类社会的繁荣进步需要二者的共同努力。我们可以一时兴起就从纽约飞到东京，部分是因为工程师制造出飞机使飞行成为可能，部分是因为经济学家设计出合理流程使这一可能性变为现实。计算机可以按照你的意图整理文档，部分是因为工程师不辞辛劳设计软件程序，部分是因为经济学家灵活运用资本融资，以支持科研人员的研发活动。比尔·盖茨的微软公司设计出各种功能的软件程序，迈克尔·米尔肯的金融公司推出数以千计的债券和股票，哪个公司对社会的贡献更重要？如果以获利能力作为衡量贡献的粗略标准的话，答案似乎很明显：20世纪80年代，计算机产业革命的前夕，微软公司的年度净利润达到6

亿美元，相当于米尔肯公司当年的全部营业额。

　　起初，人们认为允许销售垃圾债券，与将大象送给村民一样疯狂，但回顾历史会发现，每一个具有革命性的想法在被普通大众习以为常之前，都被人们认为是疯狂的。沿着这一思路，我想我也有一些想法需要与大家共勉。

第 6 章　搞定政治

如果可以让美国政治体制发生一丝改变的话，我会考虑给每位选民两张选票，一张在本人所在的州选举使用，一张在选民希望的任何州选举使用。这样，再有西弗吉尼亚州的议员利用数十亿美元的联邦税收为自己州的民众买猪肉时就会明白，提供这些税收的纳税人有机会联合起来在选举中反对他。

发展至今，民主政治体制的弊病不再仅仅是政治家对"金主"和"掮客"们卑躬屈膝、唯命是从，政客利用别人的钱讨好自己州选民的事也屡见不鲜。换句话说，能使政客们考虑自身行为"成本"的激励措施严重不足，而这本应是有效政治改革的题中之义。

MORE SEX IS SAFER SEX
反常识经济学4：
性越多越安全

所以下一步的改革，我将重新界定国会议员选区的边界。不再按照选民的地理区域进行选举，而是按照选民姓名首字母的顺序进行选举。即国会议员不再来自特拉华州和科罗拉多州的选举，而是按照姓名首字母将所有选民进行排列，由排在 AA 到 AE 的选民选出第一位国会议员，由排在 AF 到 AH 的选民选出第二位议员，依次类推，选出所有议员。这样就不会再有议员想着为自己的家乡买猪肉了。设计出一个项目，增加特定地区的收入机会很容易，编造出一个方案，将收入精确转移给姓名以 Q 开头的人则很难。

这一改革方案有一重要附带好处：国会议员将不能再通过提供某种"方便"的方式讨好地方官员，比如减少对地方援助时的繁文缛节和官样文章。很多条条框框存在的唯一理由就是，在需要时由政客打破，以作为政治交换的筹码。

要不然怎么解释《残疾人法案》（以下简称《法案》）的通过？企业为什么要耗资修建基本没人使用的轮椅通道？答案就是：政客可以因此而推销豁免权。为了不修建轮椅通道，企业就得寻求国会议员的帮助与监管机构进行协商，作为回报，企业需要提供政治献金或提供张贴选举海报的窗口。当然，为了维持这种豁免权的高价，政客们也不会经常使用，所以，我们可以看到，到处都是基本无人使用的轮椅通道。

第6章 搞定政治

实际上，《法案》的另一条规定把制定它的目的暴露得更加彻底。《法案》规定："除非获得总检察长的豁免，否则，符合特定条件的三层建筑（数量相当多）必须安装电梯。"我想，总检察长一定以这种方式结交了很多"朋友"。

立法者要求建筑必须安装电梯和修建轮椅坡道，与犯罪集团造访你的办公室却只做一些随意的破坏有异曲同工之妙，都是提醒你和你的邻居该交保护费了。让诈骗犯太容易得手，不是解决此类治安问题的长久之计；让政客太容易推销出去这种"方便"，也不是提高政府工作效率的长久之计。

据初步测算，至少20个州的现任州长曾吹嘘，在过去的四年中通过放宽对企业的各种限制和要求，创造了数以千计的工作岗位。他们首先制定各种规章制度，限制企业的经济活动，再放宽这些规定，让经济状况恢复到适当的活跃程度，从而让企业家们觉得这是他们"宽宏大量"的结果。我想知道，州长们通过提供这种"方便"，获得了多少人对他们政治上的支持；也想知道，如果没有这种"方便"提供特权的话，那些规章制度是不是过于苛刻了？

同时我认为，各个国会议员选举区的联邦所得税税率应该分别确定，以作为反映议员执政情况的选举记录。各个选区选民选出来的议员执政期间花费越多，他们的税率就应该越高。这有助于解决选民对自己选出来的议员当选之后的行为关注不足的问题。

有人说，这可能不利于真正为国计民生利益而"花钱"的候选人当选。这一点很容易解决，只要规定"经70%及以上议员同意的支出项目获得特别豁免权"就可以了。

改革税制时，我希望能够消除预提税，在每年的4月15日之前完成所有税种的征缴工作。这样，民众就会清楚现任政府到底花了他们多少钱。这里所说的"所有税种"，指的就是所有税种，包括销售税。商店不再是收到现金时才缴纳销售税，而是在完成销售后就向政府寄送一份收支清单，4月15日时，政府寄回当年的税收账单，账单上不仅有应交的销售税额，还有应交的所得税额，这些税都需要商家全额支付。

这张账单应该分项列置。通过账单，纳税人可以清楚地看到，自己交的税额中多少用于国防，多少用于社会福利，多少用于宗教与社区活动办公室的经费。

当然，这一税制改革的所有目的就是让选民获得更多的知情权。但仅有知情权还不够，同时需要民众具有良好的选举动机，这就需要由民众自己，而非他人来承担他们选举的所有成本和收益。

因此，18岁以上的公民不应该有资格投票确定饮酒的法定年龄。因为，如果你今年30岁，一定会支持将法定饮酒年龄定在

21 岁，也会同意提高到 29 岁，因为不管怎样，你都不需要承担任何成本，并且可以得到所有好处——大街上醉酒的孩子更少。但如果你今年 18 岁，是否降低法定饮酒年龄（从 21 岁降到 18 岁）的成本和收益都将由你承担。如果降低的话，收益是现在可以合法饮酒，成本是当你 30 岁时，可能在街上碰到很多喝醉酒的 18 岁小孩；如果不降低的话，成本是现在还不能合法饮酒，收益是此生可能都不需要担心碰到醉酒小孩（至少是合法醉酒小孩）的问题。①

这是一个真正的两难决策，很难说清楚 18 岁的孩子们会如何抉择，但不管怎样，他们才是最合适的决策者。

同样道理，由 60 岁的老人确定社保政策也是不明智的行为。扩大社会保障范围的成本和收益都由 18 岁的孩子们最终承担，而他们 60 岁的爷爷奶奶们只享受这一调整的收益（或成本，当缩小社保范围时），所以，是否扩大社保的范围也应该由 18 岁的公民来投票确定，他们是最合适的决策者。

下一步讨论：如何确定行政部门的激励政策。

长期以来，经济学家们注意到美国食品药品监督管理局

---

① 这里的假设前提是制定相关法律使后人难以轻易改变这一规定，这就是宪法修正案的作用。

（FDA）有一个悖理动机，以至他们在批准新药时显得过分小心。因为，如果经批准的处方药被证明存在致命风险的话，所有人都会指责FDA；相反，即便有更多的人因为FDA的"不作为"而丧命，FDA也不会陷入困境。这些"不作为"包括：没有批准或没有及时批准安全有效的新药；审批过程过于烦琐、成本过高，导致安全有效的新药被迫放弃研发等。由于FDA的"不作为"，某种新药被排斥在市场之外，你得罕见病症的兄弟如使用该药本可以轻松治愈，却因买不到该种新药而丧命，即便如此，大家往往也不会责怪FDA，而只会怪这罕见的疾病。

多项实证研究对由于FDA的审批流程过于烦琐而丧命的人数进行了评估。其实不需要用数字来告诉我们这种动机带来的困扰，因为这种困扰导致的后果已经非常严重了。

解决此类问题的部分方案可以是，以制药公司的股票而非现金作为FDA评审专家的薪金。这样，专家们不但承担了加快新药引入市场的成本，而且可以享受新药进入市场的收益。但这样依然存在不足之处，评审专家可能为了维持伟哥的高价而不批准艾力达（另一种"助性"药物）进入市场。但不管怎样，我相信这样的结果也比目前的状况要好。

同样，我们应该用航空公司的股票作为航空监管人员的工资，用汽车公司的股票作为汽车安全管理人员的工资，用互联网公司的股票作为司法部色情监管人员的工资。

对于美国总统来说,最重要的职责就是让美国变得更加宜居。如果总统的工作卓有成效,就会有更多的人希望居住在这儿,并且打算以后也住在这儿。所以,土地的价格可以作为衡量总统工作成效的重要标准。

因此,我们应该以多样化的土地投资组合作为总统的薪金。这一投资组合应该包括部分蒙特雷的滨海房地产、部分北达科他州的农场、部分波士顿市中心的停车场。这样,他就没有任何理由厚此薄彼,任何地区的发展都应该兼顾到。当他做出任何决策,比如确定是否允许使用医用大麻时,他唯一的动机就是让美国变成一个更加宜居(也许更贵)的地方。

总统拥有的土地越多,越有动力去管理好国家,最理想的状况就是总统拥有整个国家。为了使这一激励长期化,总统最爱的孩子应该可以继承一切。不幸的是,尽管具有这些优点,世袭君主制被证明存在许多弊端,而这些弊端我暂时不愿提及。

目前,美国的政府机构中存在着一些根深蒂固但意义不大的部门,比如农业部、商务部和劳工部,它们是内阁部门,互相牵制,并且有众多的选民支持,所以分而击之、各个击破也许不能奏效,不妨试一下"团灭",一次性把三个都解决了。

农业部的职责就是协助农民窃取工人和商人的利益，商务部的职责就是协助商人窃取工人和农民的利益，劳工部的职责就是协助工人窃取商人和农民的利益。如果能通过一套方案将三个部门同时取消的话，每一个美国人将减少两个敌人，同时减少一个盟友。

这一策略在关闭军事基地的实施中获得巨大成功。单独关闭一个军事基地的决策会引起一片哗然，一次性关闭多座军事基地会得到很多选区的支持，因为这样可以较大程度地降低选民的税收负担。基本上每一座被关闭的军事基地都是通过这样的方式实现的。

官僚体制的扩张如同军事基地过多的问题一样，都是公共河流问题的简化版。政府机构的低效就像污染物，违法乱纪者获得利益，却没有承担足够成本。实施恰当的激励措施，或许可以还政府机构一片清明。

第 7 章　搞定司法系统

1991 年纽约城的一场骚乱中，小利莫瑞克·纳尔逊击杀了克尔·罗森鲍姆。我们知道这些是因为他在 12 年后亲口承认了这一事实，而当时法院却将其无罪释放了。

印第安纳州法院的陪审团曾判处理查德·亚历山大 70 年有期徒刑，判罚原因是一系列针对女性的性侵犯罪。三年后，随着 DNA 技术应用于刑事侦查，另外两人被证明才是该系列犯罪行为的真正罪魁祸首。面对证据，他们承认了自己的罪行，并表示悔罪。但到此时，理查德·亚历山大已经为别人犯下的罪行在监狱中度过了宝贵的 5 年。

这一切都是因为陪审团犯的错，但没有陪审团成员会因为错误的判决受到处罚。

我们不清楚为什么陪审团会犯错。也许他们对证据进行了认真评估，却犯了诚实人的错误；抑或是因为提供给他们的证据不足以得出正确判断；也可能是因为他们没有对案件给予足够的重视。总之，一切皆有可能，所有的事情都可能发生。

整体而言，如果能够让陪审员自己为他们的注意力不集中和马虎大意承担成本，而不是如现在这般让其他所有人承担后果的话，判决状况将有望得到巨大改善。为此我建议，每一个投票赞成将被告无罪释放的陪审员都必须让被告在其家中居住一个月，租金由法院出，租金额高于市场平均水平。这样，如果陪审员真的认为被告不具有社会危害性的话，就可以通过让其成为自己的租客，赚取高额的回报；如果陪审员也不想让被告出现在自己生活中的话，相信其他人也会做出相同的选择。

确实，这样做对于看起来像坏人，但其实善良无辜的被告来说有些过于严厉。但不仅仅陪审团需要这样的制度，假释裁决委员会也需要实施这样的制度。并且，与陪审团不一样，在普通民众的心中，假释裁决委员会应该更加关注当事人的"独特性"。

对于陪审员来说，我们应该以一场公开公正的笔试作为测试程序。不同的案件设置不同的问题，以案件中通过技术手段和逻辑推理可确认的部分作为试题内容，比如试题可以是这样的：受

第 7 章　搞定司法系统

害人的邻居曾说半夜听到狗叫，请判断对错。问题的答案可以依据现有证据和认真思考得出。对于在测试中得分较高者给予现金奖励，这样至少可以让陪审员给予案件足够的重视。

经过深思熟虑，可以将陪审团分成两个六人小组，如果两个小组的判决结果一致的话就同时给予奖励，如果不一致的话就都不奖励。数十年前有一部热播剧叫《新婚者游戏》，如果我们可以从中学到什么的话，我认为就是"参赛双方越希望与对方答案一致，双方越倾向于回答出正确答案"。

或者，我们可以通过向陪审团讲述案例的方式传达信息，比如利莫瑞克·纳尔逊或者理查德·亚历山大的案子，提醒他们认真对待。同时，对于判决出错的陪审员处以巨额罚款，作为平衡，对于后来证明判决正确的陪审员给予巨额奖励。

如此这般，在法庭中打瞌睡的陪审员人数将会大为减少；忽视那些稍做推敲就可以识破证据真伪的情况也会减少；在陪审团休息室被自己吓倒的陪审员人数也会减少。同时，这样做还有一个附带好处：如果大家都觉得陪审团过于宽容了，我们可以通过增加错误释放的惩罚，或者加大正确处罚的奖励来使陪审员变得严厉些；如果大家觉得陪审团过于严厉了，我们可以通过实施相反的措施来达到目的。通过简单的调整就可以实现改变工作现状的目标，是良好激励体系建立的标志之一。

不幸的是，类似于纳尔逊和亚历山大的案子还是"太少"了，不足以影响目前的陪审团激励制度。但可以确定，并不是所有的案件都会进入审讯阶段，一些证据确凿、事实清晰的案件，被告人是否有罪可以通过其他途径确定，比如被告人详尽的认罪供述，或者确实可靠的不在场证据。因此，我们可以设计一场模拟审讯来测试陪审员判决的正确性，具体做法是：不告知陪审员被告已认罪或已证明其无罪的情况下，让陪审员进行审讯判断，如果陪审员判决正确，就会得到奖励，如果陪审员判决错误，就要受到相应的惩罚，判决结果当然也是无效的。没有陪审员知道自己是在模拟审讯还是在真实审讯，因此，他们都有足够的动力去保证判决的正确性。

有人可能会说这样做的成本很高，的确，这样做的成本确实高。为了保证陪审员始终保持谨慎认真，每四场真实审讯就需要穿插一场模拟审讯，这会使维持司法体系运行的成本提高25%。但作为回报，我们不仅可以激励陪审员更加认真对待案件，而且可能吸引到更加优秀的陪审员。在备受关注的大案中，原被告双方花费数百万美元以赢得陪审团对己方的支持已经司空见惯。从这个角度考虑，再花费数百万美元或更多点钱，让陪审员们更加认真仔细地考虑证据的有效性也是值得的。

在任何情况下，无论模拟审讯是否是值得我们为之付出的成

第 7 章 搞定司法系统

本,都不影响我们时不时地用利莫瑞克·纳尔逊的案子提醒陪审员提高警惕。所有的美国人都是以自己的工作表现来决定是应该受到物质奖励,还是应该受到惩罚,无论你是流水线工人,还是出租车司机,还是医生、律师,或是经济学家,都一样,唯独陪审员例外。如果你认为这种例外合情合理的话,就只能认为保证判案正确的陪审员是美国最不重要的工作。

我是认真的吗?当然是认真的。这里提出的很多建议即便看上去不可思议,比起其他的很多建议也可能更具有操作性,很多想法可能看上去"离经叛道",但它所针对的现实问题值得所有相关部门密切关注。当我认真地提出,要求判决被告无罪释放的陪审员必须将被告带回家,作为自己的房客的时候,实际上是在说,"看,陪审员不会因为自己的错误判决受任何损失,受损失的是普通大众,我们应该想办法解决这个问题"。这是我们应该认真思考的。

对勤奋认真但犯了诚实错误的陪审员进行惩罚公平吗?当然不公平。不仅处罚勤奋的陪审员不公平,处罚勤奋但粮食绝产的农民也不公平,同样,处罚勤奋但写出的书没人看的作家,处罚勤奋但误读市场制作过多百吉饼的面包师都不公平。在理想的世界里,我们可以奖励勤奋,但在我们生活的世界里,勤奋的过程难以观测，所以我们只能奖励结果，谁能给我们想要的结果，我们就奖励谁。

不公平是良好激励体系的重要组成部分。你花费多年学习如何打理一家餐馆，小心翼翼地供着你的投资人，丝毫不敢怠慢你的餐馆内饰师以及厨房工作人员，敏锐地关注着市场行情，填补市场空缺，即便这一切你都做到极致，也不能保证一定能够经营成功。你依然可能因为一只流浪鼠窜进厨房，又正好被卫生局检查人员发现而关门；依然可能因为一场突如其来的恐怖袭击而损失惨重；依然可能因为社会上突然流行回家做饭而生意惨淡。这公平吗？不公平。如果某一激励体系可以刺激企业家们在信息有限的情况下，尽自己最大的努力把餐馆办好，可以在平均水平上培育出更多的优秀餐馆，这样的激励体系就是好体系，即便这样的体系中含有不公平的部分，我们也应该接受。

如果要讨论公平的话，有什么比蒙冤入狱更不公平？有什么比让罪犯逍遥法外更不公平？如果可以通过对陪审员的"一小点"不公平换回世间更大的公平，这笔"生意"我觉得是值得的。

另外，这样的激励体系并不是要"虐待"陪审员。每天都有公司破产清算，但对利润的追求还是会吸引大量企业家进入。同样道理，即便有陪审员因为判决失误受到处罚，也会有大量的志愿者加入陪审员的队伍，只要他们能够认真履行职责，就会得到

第 7 章 搞定司法系统

合理报酬。事实上，吸引志愿陪审员还有其他优点：不仅志愿陪审员积极认真、能力更强，而且，把这一做法引入司法体系也是符合美国宪法第十三修正案的。①

改善司法体系的另一做法是停止像对待小孩一样对待陪审员。目前，禁止陪审员阅读报纸，禁止陪审员与家人或朋友讨论审议草案。但在广为人知的"世纪审判"期间，很多思想深邃、见解独到的观点就会产生，这样的案子一般每隔两三年或稍长的时间就会出现一次。为什么不能让陪审员们了解这些关于司法案件的真知灼见？难道仅仅因为这些见解没有出自审判室，而是出自社论编辑之手，或出自茶余饭后？

当然，官方一般会有一套标准说辞，这是为了防止陪审员被不良信息误导。这样做真的有效吗？如果我们相信陪审员们可以在法庭上区分正确信息和不良信息，为什么不能相信他们在社论专刊上也能区分正确信息和不良信息呢？

当前防止陪审员被"不相关"信息干扰的体系存在明显的自相矛盾，这些"不相关"信息包括新闻报道内容、被告过去的信仰等。一个能够与 DNA 专家就相关问题进行激烈交锋的陪审员，

---

① 在美国以及美国管辖的所有领土上，不允许奴役以及强迫劳役的存在，已经正式定罪的罪犯除外。

一定能够客观评价被告过去信仰对其行为的影响。

排除"无效"证据的权利归法官所有，决定"有效"证据"有效性"的权利归陪审员所有。换句话说，我们相信陪审员可以精确地决定某一证据的有效性是30%、70%，还是90%，却不相信他们可以确定同一证据的有效性是否是0。我无法想象这样的政策是如何设定陪审员的能力的。

既假定陪审员有能力决定证据应该分配的权重，又假定陪审员没有能力决定证据应该分配的权重。无语！如果假定陪审员有能力决定证据应该分配的权重，就应该在所有的方面都体现出来，陪审员可以决定证据是否相关；如果假定陪审员没有这个能力，就需要重新思考将陪审员制度放在第一位的整体思路是否合适。

所有人都清楚信息很重要，但在审判室就例外了。如果你要买一套房子，恰巧听到有传言说房子建在流沙上，即便你不相信也一定会主动走过去，认真地听一听到底是怎么回事。这不是说传言都是真的，也不是说你就一定会相信传言放弃这笔交易，但至少你会暂停交易，想想传言起源于哪里，根据你了解的其他信息再仔细权衡下。多数情况下，我们这样做的原因都是为了帮助自己更好地做决策。

传闻也不总是可信，有的传闻不着边际、信口胡来，这时候堵上耳朵大喊"放过我吧"可能会舒服些。但多数情况下，多听听别人说的，至少听一小会儿，往往会使我们的生活变得更好。

但一旦你成为陪审员，就会被要求"与世隔绝"，听不到任何的"传言"，这些传言被标上"据说"的标签，隔绝于法庭之外。如果，即便有这么多的预防措施也没能阻止你"恰巧"听到一些传言，法官也会指示你忽略这些传言。如果你认真负责，对传言追根溯源，评估其可信度，法官就会以藐视法庭罪谴责你。

一个好的决策对于买房和审判不是同样重要吗？为什么买房时凭本能就能成为好买家的策略，却不能适用于法庭审判？

历史上支持言论自由的主要论据是，将人们置于充分的信息环境中可以帮助人们更好地决策。在大选期间，新闻中充斥着谣言、八卦、传闻等与候选人不相关的信息。将所有的因素都考虑进来后会发现似乎存在某种共识，这样做比授权法官对新闻进行审查更有利于民众。假设选举之前，有人爆料主要候选人曾因酒驾遭到警察逮捕，这条信息如果放在法庭审判时就会被"和谐"掉，如果是在政治选举时就会被扒出来，允许政党代言人和记者就此发表任何观点，哪怕这些观点是完全相反的，最后由选民来决定哪些信息是似是而非的，哪些信息是切题的。为什么不让陪审员也扮演这样一个角色？

不是说被选为陪审员后就会变得无知，而是说之所以选择他们成为陪审员，就是因为他们的无知。法庭的工作人员会尽力搜寻"无偏见"的陪审员,但是对无偏见的追求就是把有根据的推理也当作偏见吗?选举时,没人告诉我们去投票站前不能看新闻报道,以使自己保持无偏见。一方面认为选民得到的信息越多越好,一方面又认为陪审员越"无知"越好,难道这样不矛盾吗?[①]

1986 年,马萨诸塞州的检察官连续揭发了一起"性丑闻"案。这起案件的被告是杰拉尔德、谢丽尔和瓦尔利特·艾马尔特,他们都是一家走读学校的合伙人。检察官们强迫数名惊吓过度的学龄儿童指责被告对他们粗暴的不正当性行为。下面一段话出自一名作家的总结记录:

> 孩子们时刻准备着承认和练习他们的证词,许多内容令人吃惊。一个男孩说他曾当着所有同学和老师的面被绑在一棵树上,还说谢丽尔曾杀死一条狗并将它埋到沙箱里,一个机器人威胁要杀死他,如果他泄露这些事的话。另一个男孩说瓦尔利特曾杀死一只青蛙并强迫他吃掉(在最初的采访中,该小男孩曾说那只青蛙会像鸭子一样嘎嘎叫)。一个女孩说她的

[①] 有时,某个陪审员被选中,明显的不仅是因为他对相关案件"无知",而且是因为他对生活的这个世界"无知"。我的一个朋友曾被法庭拒绝成为一名陪审员,只因他对下面这个问题回答了"是":你认为曾被警察逮捕过的人比没被警察逮捕过的人更容易犯罪吗?现在推测起来,代替他成为陪审员的人,也就是对上述问题回答"否"的人,一定生活在一个警察逮捕人完全随机进行的世界。

第 7 章 搞定司法系统

手腕遭到"暴砍"并流血,并说有一个类似星球大战中 R2-D2 型机器人曾将她抡成圆圈扔出去,并咬了她的脖脖一口。[1]

在检察官们的"循循善诱"下,证词记录上显示孩子们每天都被带到一个"神秘的充满魔力的"房间。然而到目前为止,还没有哪个孩子能够准确告诉警察那个房间到底在哪里,警察们经过奋力搜索也没能找到。这间房子位于几楼,甚至是否在学校内部,孩子们都不能达成一致。

陪审员们在对检察官获取证据的方法毫不知情的情况下,判定艾马尔特等三人有罪。在艾马尔特等人在监狱中度过他们最宝贵的 10 年(30~40 岁)之后,当年的陪审团成员之一终于发声:"我现在可以确定艾马尔特先生是无辜的。我相信陪审团被误导了,没有全面审视所有的证据,我们采信了孩子们的证词,但没有考虑到他们的证词可能被人为误导。如果当时我能够看到报纸,了解所有情况的话,我一定不会判艾马尔特有罪。"至此,谁还敢认为将陪审员屏蔽在检察官的"策略"之外才能实现公平正义?

有一道题可以测试陪审员评估证据的能力,题目是这样的:

---

[1] 这篇记录出自作家鲍勃·谢特利,美国作家协会政治问题委员会的前主席。

MORE SEX IS SAFER SEX
反常识经济学4：
性越多越安全

假设你刚刚进行了艾滋病筛查测试，坏消息是依据测试报告你被感染了，好消息是测试报告有 5% 的概率是错误的，因此可以得出结论，你有 5% 的可能性是健康的，这样的判断正确吗？

错。你有超过 84% 的可能性是健康的。原因：绝大多数人，可以说超过 99% 的人都是健康的，因此你也十分可能是健康的。另外，虽然测试报告仅有 5% 的概率是错的，但只要这 5% 发生了，你就 100% 是健康的。[①]

由上述例子可以看出，关键是怎样评价证据。那个测试报告（假的）是你被感染的证据，但绝大多数人都是健康的事实也是你健康的证据。证据的两方面都是相关的，忽略任何一面都会导致错误的结果。

如果上述论证不能令你信服，举个更明显的例子：假设你天生异骨，具有一种非常独特、罕见的基因，使你对任何病毒都绝对免疫，这样一来，无论收到一份怎样可怕、令人绝望的测试报告，你都不会在意，你都可以尽情地嘲笑报告的荒谬。测试报告

[①] 为什么是 84%？以 10 万人为例，按照假设，有 1% 的人感染了艾滋病，也就是 1000 人，测试报告的正确率是 95%，也就是说有 950 人会得到被感染的坏消息，另外健康的 99000 人中也会有 5% 的人得到被感染的坏消息（假的），也就是 4950 人左右，这样，得到坏消息的总人数就是 5900 人（你幸运地成为其中之一），在这 5900 人中只有 950 人真的被感染，占比 16%，另外 4950 人实际并未感染病毒，占比 84%，所以，你有 84% 的可能性是健康的。

改变不了你对病毒绝对免疫的前置信息。同样道理，也不应该有测试报告能够完全改变任何的前置信息，包括绝大多数人都是健康的这样一个简单事实。

行文至此，论述的关键也就呼之欲出了：前置信息、背景资料很重要。我们不能脱离背景知识去评估证据的有效性，将陪审员排除在案件的背景资料，比如那些前置信息之外，将使得他们的工作更加难以有效地完成！

坦布里奇韦尔斯镇，距离伦敦30英里，在18世纪时曾是英国的旅游胜地。如画的自然风光，淳朴的乡土人情，汇聚世界各地的优秀文化，社会呈现的欣欣向荣的景象，深深地吸引了来自全世界的游客。在这里，你可以看到咖啡屋、书店、旅馆，也可以看到台球室、舞会、音乐会，还可以看到音乐家、杂耍和吞火表演者以及哲学家，总之，其他地方有的这里都有。在这繁华的城镇里，有一位资深的长老会牧师安静地生活着，他就是托马斯·贝叶斯。贝叶斯热情好客，尤其喜欢接待外国游客。一次，当贝叶斯努力向一群杰出的东印度人描述英国的冬天多么寒冷时，发现他的这群杰出的访客根本没见过也没听说过"冰"的存在。于是，贝叶斯从冰库中取来一块冰，并告诉他们，冰其实就是冻结之后的水，没什么稀奇的，并把冰放到火上进行融化加以演示。

但这群访客就是不信,他们坚信自己被戏弄了,最终,这群小伙伴带着浓浓的羞辱感回印度群岛去了。

在享受着各式各样的访客给他带来的快乐之余,贝叶斯不仅专注于神的仁慈、魔鬼的邪恶等宗教领域问题的思考,而且专注于数学方面的研究,尤其擅长概率的计算,并发现了计算概率的正确方法。他最伟大的发现是一个计算公式,现在被称为贝叶斯法则(Bayes's Law),是所有大学统计课程的核心内容。这种计算方法不仅考虑前置信息的影响,而且考虑最新信息的影响。在上述艾滋病测试的例子中,计算出你有84%的可能性保持健康的方法就来自"贝叶斯法则"。

贝叶斯法则的核心内容是:所有可能相关的事件之间都具有相关性。有前科的被告更趋向于犯同样的罪行吗?是的,这就是相关性;有前科的被告可能犯与之前所犯完全不同的罪行吗?答案也可以是"是",只要有统计数据显示具有某一犯罪动机的嫌犯也非常可能具有其他类型的犯罪动机,这也是相关性的表现形式。被告的兄弟是罪犯与被告也可能犯罪有关系吗?有,只要有统计数据显示犯罪行为在家庭成员之间具有传播属性。

被告的外貌与犯罪行为也具有相关性。陪审员们本能地知道这一点,所以,被告的辩护律师都会要求"客户"穿上定制的高档西服,去掉脸上的文身、鼻子上的穿孔,以博得陪审员的好感。

这确实是一种欺骗,但也不完全是。毕竟,不是每一个人生来都有一副"善男信女"的外表,有人长相在平均颜值之上,就有人长相在平均颜值之下。所以,被告们穿上让他们看上去更舒服的西服,以增加陪审员的印象分也是合情合理的,就像在额头文上"KKK"会降低他们的印象分一样。

通过让辩护律师和检察官轮流"妆扮"被告,让陪审员看到被告的更多面,也许更有利于陪审员全面地认识被告。不仅让我们看看被告穿着细条纹西装的样子,也让我们看看他们光着膀子的时候是什么样子,以及身穿肮脏迷彩裤,脚蹬掉色马丁靴,系着红鞋带,身披子弹夹,全副武装时是什么样子。

贝叶斯法则告诉我们,外表与犯罪具有相关性。同样道理,与被告相关的其他信息与犯罪也具有相关性,比如,被告对辩护律师的选择。如果你被指控一项犯罪,请的律师是有"20世纪最伟大律师"之称的艾伦·德肖维茨——曾为辛普森案和泛美航空爆炸案等大案成功完成无罪辩护的律师,按照贝叶斯法则的结论,我们应该对你刮目相看。

当有人试图让你确信某事是真实的时候,常识告诉我们应该思考一下"这事是谁说的",贝叶斯法则证明这种常识是正确的。假设一个像艾伦·德肖维茨一样巧舌如簧的人向你推销一部二手车,并信誓旦旦地说自己每1000英里更换一次机油,对于这样的保证最好保持谨慎态度。同理，一个那样的律师对你说他的客户是无辜的，你最好也不要轻易相信。如果你不了解德肖维茨先生的"英雄事迹"，不知道他曾为哪些人做过辩护律师的话，检察官们可以在证据当中加入一条长长的客户名单为陪审员们提供参考。

这种信息公开应该是双向的：就像有的律师长期以来名誉很好，对证据严谨认真，只接受自己认为真的无罪的辩护代理，这样的信息也应该让陪审团知道。这将有利于被告洗清罪名，而这也是合情合理的！

所以，不仅被告的详细过往应该呈报给法庭，辩护律师的详细过往也应该呈报给法庭，最终，检察官的详细过往也应该呈报给法庭。考虑到具有较高道德标准的辩护律师一般不会误导陪审员的事实，将相关背景资料都提供给陪审员，让他们有机会了解清楚这次审判自己被误导的概率有多大，也许是更好的选择！

我们都不希望自己犯这样的错误：拒绝好观点，仅仅因为它出自声誉不太好的人之口。关于这一点，亚伯拉罕·林肯与我持有相同观点：

> 经过一系列严密推理，欧几里得证明：三角形内角之和等于180度，相当于两个直角之和。欧几里得已经向我们展示了推理过程，并已深入人心。假设现在让你推翻这一定理，

第 7 章 搞定司法系统

并证明他的错误，你能通过论证欧几里得是一个骗子来证明自己的观点吗？

当然不能。另外，假如欧几里得是个"知名"的骗子，大家对他的观点肯定更加谨慎小心，因为他欺骗我们的可能性更大。更进一步，如果欧几里得骗子的名气大到一定程度，人们可能一开始就忽略他的观点，因为从谷壳中挑出麦子是件困难的事，人们可能没有兴趣去辨别欧几里得的观点正确与否！

将某些证据排除在陪审员知悉范围之外的合理理由只有两个。首先，为了避免警察以寻找证据为借口，肆意进入居民家中，骚扰居民，法庭应当认定通过此种方法获得的证据无效，以激励警察在搜查居民家庭的时候积极申请搜查令，将警察办案对居民合法权益的损害降至可控范围，但这一原因并不能令我完全信服。我不理解为什么要通过这种间接方式来减少警察的鲁莽行为，为什么不通过罚款或者监禁这种直接方式来让过分的警察为自己过分的行为负责？虽然不是最优选择，但这种具有排他性的做法至少可以达到保护居民的目的，即便其他的做法能够更好地实现这一目标。所以，虽不完美，我也会接受将之作为法庭拒认某些证据的合理原因之一。

115

将某些证据排除在陪审员知悉范围之外的第二个原因，或者勉强可以称得上是原因的因素是：万事万物都是平等的，都是不完美的，不能为了达到某个完美的无害目标而人为增加法庭的责任。换句话说，做出任何选择可能都是无错的，但我们需要承担这个选择的所有后果，不管是你希望的那部分，还是你不希望的那部分，都应该由你来承担，这也是合情合理的。比如，一般来说，选择"火爆红"汽车的司机比选择"优雅蓝"汽车的司机，开车速度要快；所以，如果你因为超速被逮捕，汽车颜色也是相关证据之一，这就是相关性。回过头来说，如果所有法庭都认可这种相关性证据的话，人们起初买车时可能就只买优雅、平静色系的车了，这可能不是喜欢"火爆红"的朋友希望看到的结果。

同样道理，如果有统计数据显示，具有某种政治取向或宗教信仰，或在胸脯上刺有眼镜蛇文身的人，犯有打劫老太太并抢夺她们钱包罪行的可能性更大，并且，允许检察官以这些理由作为证明人们有罪的证据的话，人们一定会竭力避免上述政治取向和宗教信仰，以及类似文身图案，以防被当作抢劫犯而抓起来。在一个崇尚多元化的社会中，这是一个反对检察官破坏人们政治和宗教信仰自由的理由。

另一方面，我们也可以将检察官对被告的性别或种族攻击控制在安全范围之内，因为性别和种族是不可选择的！人们在法庭

第 7 章 搞定司法系统

上基本不会因为自己的种族问题而受到检察官的攻击,那样可能造成身为黑人的人们以自己的肤色为耻(沿着这个思路深思下去,我们可能会想到,这将导致降低黑人生育孩子意愿的结果)。对于性别来说也是一样的,男性比女性的犯罪倾向要高,但我还没见哪个变性人是因为担心被当作入室抢劫犯而错抓,才去做变性手术的。因为不能选择,所以无须担心。

但这并不是将那些确实应该回避的信息排除在陪审员知悉范围之外的理由。如上所述,如果允许将辩护律师曾代理过的"身家并不清白却被判无罪"的被告公之于众的话,"身家不清白"的被告将很难找到代理律师,而这,其实是极好的!

还有将某些重要证据排除在陪审员知悉范围之外的第三个理由,但我觉得,这个理由很容易就被驳倒。这个理由是:某些证据会令人难堪!这个理由成立的潜在含义是:因为这些证据不那么光彩,会令人尴尬,所以我们应该回避它。这是我们为什么不让强奸案的受害人——或自称被强奸的受害人——证明其性生活情况的原因。但在我看来,与其将这些证据完全排除在陪审员的知悉范围之外,不如允许陪审员秘密地知晓,并禁止公之于众!

毕竟,将这些令人尴尬的证据排除在陪审员知悉范围之外的前提是要有一个法官对这些证据进行审查,所以,总归会被陌生人看到。把你的性爱视频给12个陌生人看,和给一个坐在法官席上的陌生人看,在我看来一样尴尬,尴尬程度并不会随着人数的增加而显著增加。

贝叶斯法则告诉我们,在性侵案中原告的性经历是一项重要的相关证据,尤其是当被告宣称被指控的"强奸"实际上是两相情愿的你侬我侬时。在其他条件相同的情况下,一个30岁的"老处女"与一个刚认识的陌生人发生性关系的可能性不高,而一个30岁的色情明星则不然。这一事实支持处女的可信度要比艳星的可信度高,所以,严格遵守逻辑准则的话,就应该调低艳星相对于处女的可信度。(当然,没有完全相同的条件,这个处女也可能是个臭名昭著的骗子,而这个艳星也可能以其诚实著称,这些都是相关证据,陪审员都应该充分了解。)

1997年,一个名叫奥利弗·约万诺维奇的哥伦比亚大学研究生在网上"偶遇"了一位来自巴纳德学院的本科生,名叫"X夫人"。这位X夫人到处宣扬自己对性虐情有独钟,于是他们"见面"了。经过一番"切磋交流"之后,X夫人把可怜的奥利弗告了,控诉奥利弗非法拘禁她,并在违背她的意愿的情况下强行与她发生了性关系。

如果让陪审团看过他们之前的聊天记录的话,X夫人一定会感到尴尬;如果让陪审团看到X夫人无论是认识奥利弗之前还是认识奥利弗之后，都特别享受这种"性虐"活动带来的快感的证据的话，X夫人或许会感到更加尴尬；更不用说，X夫人还有一段记录在案的诬告别人性侵她的历史。如果这些证据都让陪审团看到的话，X夫人一定尴尬得要死！但，X夫人是幸运的。威廉·吉姆法官对其"遭遇"感同身受，为了避免X夫人的尴尬，将这些证据都排除在了法庭之外，陪审团根本看不到这些重要信息。最终，X夫人是不尴尬了，但奥利弗·约万诺维奇被错误地送进了监狱。造成这次错判的原因是什么？不是X夫人的狡猾与虚伪，而是陪审团信息的闭塞。在监狱里待了20个月，家人花费了数十万美元的律师费之后，奥利弗的案件终于沉冤得雪，之前的错判被推翻了。

就像马萨诸塞州的艾马尔特家一样，约万诺维奇先生的生活被一纸错误的判决书毁了，如果陪审团能够获得充分的信息，并保持足够的理性的话，这样的悲剧是可以避免的。我们无法保证陪审员时刻保持足够理性，但我们至少可以设法让他们得到足够的信息，以避免明显的错判。

所有这一切可以归结为一句话：要相信陪审团！相信他们可以做出正确的判决。如果我们选择不信任陪审团，解决办法也不是设置障碍，妨碍他们做出正确的判决，而是废除陪审团制度。

如果我们不相信现在的业余陪审员制度，可以像一些欧洲国家一样，采用职业陪审员制度。这一体系有一个额外的优点：在涉及一些复杂案件的时候，比如说医疗事故或反托拉斯法，原被告双方都需要邀请专家、证人对陪审员进行案件基础知识培训，而这些培训既费时又昂贵。采用职业陪审员制度，就不需要对这些陪审员进行再教育了，他们对这些案件的每一个细节都了如指掌。

为什么我们既要求陪审员处理复杂问题，又不允许他们了解，哪怕是思考一下其他问题呢？既因为我们对陪审员的能力持有的观点过于混乱，甚至是自相矛盾，又因为整个体系的建立就是为那些由律师、法官以及那些喜欢混乱的人组成的特殊利益集团服务的。比如，当审理中哪怕出现一点点干扰，律师就会提出上诉；当需要运用晦涩难懂的证据规则时，法官的作用就凸显出来了。

法官禁止陪审员从法庭之外了解任何与案件相关的信息的行为，在司法上就等同于电工联合会禁止任何人"私自"按动电灯开关一样。如果允许别人"私自"按动电灯开关的话，电工们的工作机会就会减少，同样道理，如果允许陪审员从法庭之外了解信息的话，法官的重要性就会大大降低。

经济学理论早已预测，特殊利益集团总会想方设法操纵规则，以使自己的作用不可或缺。大家都知道工会联盟会故意限定工人

第 7 章　搞定司法系统

的人数，以使他们可以通过"额外雇工"进行寻租；律师故意将法律条文编写得异常复杂，以使只有他们可以解释。但我们似乎都忽略了法官，就是那个将证据规则变得异常晦涩难懂，以使他们的地位不可动摇的人！

你可能会说，如果没有法官来规范证据搜集程序的话，陪审员可能会"淹没"在无关信息的大海中，审判将永远没有尽头。但这一问题可以通过要求律师为超时使用法庭的时间支付现金来有效解决。只要陪审员有能力做出正确判断的假设没有改变（否则的话，如上所述，我们就应该取消这一制度），律师就没有必要用真金白银买来的时间说一些无关紧要的信息，做一些没有必要的表演。

我们的目标是让每一个人都受到适当的激励。为了实现这一目标，对于陪审员来时，需要的是一个以判决正确与否为标准的奖惩机制；对于法官来时，需要的是打破法官对判断证据有效性的垄断权力；对于律师来说，需要的是对超时使用法庭的收费机制，以防止他们花费时间误导陪审员。

我们不要忘记"激励"是刑事司法体系的全部目标，即竭尽所能地建立对犯罪行为的激励（或者说约束）体系。

成为罪犯的人多数都是风险爱好者，否则他们更乐意成为一个安稳的洗车工,而不是一名罪犯了;赌球的球员多数情况下也是风险爱好者,否则他们就应该购买美国的国债,而不是买赌球的彩票了。由此你可能得出赌球的球员和犯罪分子是同一种人的结论,但实际上,这种推论可能是错误的。因为,风险爱好者非常享受将所有的鸡蛋放到一个篮子里所带来的惊险刺激感,他们不"滥情",所以他们可能会追逐成为一名犯罪分子,也可能会选择参与赌球,但一定不会兼而有之,因为他们很"专一"。

所以,要想理解是什么吸引人们去犯罪,首先得理解是什么吸引人们去进行冒险活动,也就是说,首先得理解是什么吸引人们去赌球。

一场赌球或博彩想变得有吸引力,需要既提供非常丰厚的奖金,又要提供相对而言比较高的中奖概率。如果你负责运作一场赌球,你有1000万美元的资金作为奖金,是设立一个1000万美元的单一大奖对大家有吸引力,还是将1000万美元分成10份,设立10个奖金额为100万美元的奖项,从而将参与者获奖的概率提高10倍对大家更有吸引力?答案往往是前者!多数情况下,对于博彩者而言,一个概率虽低但可能获得更好收益的奖项,比一个概率较高但收益较低的奖项更有吸引力。这是因为,如果参与者喜欢较为稳妥地以较高的概率获得较低收益的话,他大可以去购买定期存单，而不是来进行博彩了。由上可以看出，如果我们想让一场博彩变得更有吸引力，可以将最高奖金的金额增长一倍，而不是将获奖的概率提高一倍。

更准确地说，中奖人数的翻倍只会对那些从不买彩票的人更有吸引力，而头奖的翻倍会对忍不住要买彩票的人形成致命诱惑！

赌马的真相是什么？在赛道的背后究竟会发生什么？我的博彩顾问莫里·沃尔夫可以证实，对于组织方来说，越是复杂的押注回报越高。就像三局连胜制，押中的概率很低，但一旦押中回报也高得惊人。这种赌法往往效率最高，每一美元奖金可以吸引更多的下注者来下注，因此回报也越丰厚。那为什么还要继续提供两元赌这种小赌呢？沃尔夫说，这是因为三局连胜制的中奖人会将奖金带回家，而两元赌这种小赌的中奖者会将奖金继续投入下一个赌局。通过这一巧妙设计，就会为赌马的组织者建立一个有趣的平衡，被带走的奖金又回来了，而这正是我们要说的重点，赌徒都喜欢大奖以及长期获奖的机会。①

现在让我们将上述结论应用于针对刑事犯罪的威慑活动。多数情况下，比起较大的被轻罚的可能性，犯罪分子们更"喜欢"

---

① 无意中，沃尔夫先生也向我表达了这种担心，他说，由彩票（福利彩票）资助的教育体系会不会有动机培养学生毕业后去赌博？

较小的被重罚的可能性，也就是说，犯罪分子是典型的机会主义者，更看重被罚的概率，而不是被罚的程度。这是因为那些更喜欢较大可能性被轻罚的人都会选择从事"类惩罚性职业"，比如建筑工人或矿工（这些职业具有一定的风险性），而不会选择去犯罪。所以，如果想降低犯罪行为对犯罪分子的"吸引力"，我们选择把罪犯被处罚的概率翻倍，比针对犯罪分子的处罚程度翻倍更有效！

将犯罪分子的平均刑期延长10%可以有效降低犯罪率，将犯罪分子可能被判刑的概率提高10%可以更有效地降低犯罪率。像所有风险爱好者一样，犯罪分子敢于出来犯罪"博"的就是不会被抓的概率，如果忽然发现被警察逮个正着的概率大大提高，警察好像就等着抓他们的话，犯罪分子一定会收敛很多。

如果惩罚都无法有效阻止犯罪的话，那么就很难管理犯罪分子了。好在惩罚在阻止犯罪方面还是很有用的！以死刑为例，经常听到政客们不断地重复说死刑对于阻止犯罪行为没有任何威慑作用，这一点令我十分惊讶！实际上这种观点是完全错误的。确实没有有效证据可以证明颁布一条死刑条款可以有效阻止犯罪活动，但执行死刑则完全是另外一件事。30年来，经济学期刊刊登过很多文章用于说明执行死刑可以有效阻止犯罪行为的发生——30年内大约8~24起谋杀案因为死刑的实际执行而被避免了。①

艾萨克·埃利希教授是这方面的开创者，他在20世纪70年代中期首次将复杂的统计技术应用于衡量判决和刑罚的威慑作用。最近，埃利希教授与刘志强教授一道，对这个问题进行了二次研究，进而提出了证明他原来观点的新证据，有力地反驳了相关学者针对他观点的直言不讳的批评，他再一次证明了自己的观点：有罪判决数量增长1%，谋杀案件的发案率将下降大约1%（一个很粗略的近似）；执行刑罚的数量增长1%（意味着提高刑罚的平均处罚水平），谋杀案件的发案率将下降0.5%（也是粗略的近似）。②就像理论预测的那样，犯罪行为的发生率与惩罚的严厉程度相关，但与有罪判罚的发生率（即罪犯受到处罚的可能性）更相关！

我很感激埃利希教授的工作成果，因为我在课堂上经常将他的结论用于说明我的三个观点，这三个观点很重要，我巴不得开

---

① 详见 http://www.cjlf.org/deathpenalty/DPDeterrence.htm。劳伦斯·卡茨、史蒂芬·列维特和埃伦·夏斯托维奇三位教授最近联合发表了一篇文章，认为只有很少的犯罪行为因为死刑的执行而被避免，这一点不可忽视。但也应该看到还有几百篇其他的文章认为执行死刑可以有效降低犯罪行为的发生，多数文章认为可以减少8~24起。

② 这一结论来自对20世纪四五十年代的数据研究。死刑的研究往往集中在执行死刑较多的数十年间，因为这个时期的数据更多。

125

MORE SEX IS SAFER SEX
反常识经济学4：
性越多越安全

车把这三个观点"送到"学生家里（如果可以这样"送"的话），这三个观点是：（1）激励很重要，对于杀人犯来说也一样；（2）一些激励可能比另一些激励更重要，这一点已经被经济学理论和实证研究所证明；（3）如果想给出政策建议的话，仅了解相关数据情况是不够的，我们需要确定我们的价值导向是什么。埃利希教授已经让多数经济学专家相信死刑对于降低犯罪率是有用的，而他实际上是一个充满激情的推动"反死刑"运动的公益人士！

如果我们关注威慑作用的话，就需要面对一个基本的经济学现实：一些犯罪行为被处罚得过重，而另一些犯罪行为没有得到应有的处罚，也就是被轻罚了。

这个世界的监狱是有限的，每次将一个犯罪分子从街上抓回来判处长期徒刑，就需要释放一个犯罪分子。如果盗窃犯本尼占据牢房5年的话（被判处有期徒刑5年），抢劫犯曼尼可能就没地儿待了。因为将盗窃犯绳之以法而获得荣誉的地方检察官并不会因为"迫使"其他检察官将抢劫犯无罪释放而受到相应的惩罚。

换句话说，地方检察官并没有为自己的决策承担全部成本。他受到的激励使他让一些犯罪情节较轻的罪犯浪费了监狱宝贵的空间，比如支票诈骗犯、内幕交易犯、非暴力型毒品交易犯等；而另一些犯罪情节较重的罪犯，如抢劫犯、强奸犯和杀人犯等，则可能因为监狱中"客满"而逍遥法外!

每一个大公司都面临类似的问题。比如说部门经理,就像检察官一样,尽可能地为本部门"霸占"更多的资源,却不用为此给整个公司带来的成本增加而负责。在多数情况下,解决这一问题的出路就是为每一个部门经理设立一个预算,让他们知道,今天你申请了 30 台传真机,明天再想申请 100 台电脑就没那么容易了。

我们很容易就可以想到这一解决方案并不够理想,因为部门经理依然可能虚报需求,只要最初的预算起点足够高。但我们也应该看到,这样安排比让部门经理不受限制地任意占用企业的资源要好得多。

在民营企业中有效的措施在司法审判系统中同样有效。因此,可以为每一位检察官设立一张预算单,比如,每一个月 350 个监狱年次,即每个月经该检察官之手的罪犯刑期长度之和不得超过 350 年。为了弥补这一规定过于死板的缺点,可以通过允许检察官之间"交易"监狱年次预算额度的方法来增加这一措施的灵活性,"借入"的检察官需要在未来的月份"偿还"相应数量的监狱年次。

在相关案件的审理过程中,需要申请延长判决期限的检察官应该清楚,这样做的代价是未来需要缩短相应案件的判决期限。

反对者可能会说，这样会导致案件结果之间相互影响的后果。对此我只能说，案件之间本来就已经相互影响了——因为监狱系统能够提供的资源是有限的。这样做只是让检察官们意识到这种影响的存在而已，并让他们对此做出回应。其实，无论检察官们是否意识到，这种相互影响都已经客观存在了。

无论是检察官，还是陪审员、法官以及罪犯，都一样，都会遵循人类行为的一般规律：当人们不需要为自己的行为负责时，他们就不会为自己的行为负责。因此，唯有采取适当的激励措施，我们才能拥有一个更加美好的法治社会！

第 8 章　搞定其他的事

创造力是宝贵的,应该受到奖励;相反,垄断特权是有害的,应该受到抑制。那么,专利制度应该如何处理二者的关系呢?专利制度授予发明者合法垄断的特权。

这很让人抓狂!本杰瑞品牌的冰激凌确实很好吃,它的制作者本和杰瑞因此而收到高额回报也是可以理解的,但因此而颁发给他们"酒驾许可证"就显得有些荒谬了。对好的行为给予适当奖励是应该的,但给予坏的行为以"奖励形式的惩罚"就不可取了。

通常情况下,当这些原则被违反时大家都会忍不住为其荒谬而发出笑声。我所在的大学曾经通过减少排课量来作为对优秀教师的奖励,或许,减少教师的排课量并不能等同于发放酒驾许可证的社会意义,但这种现象所反映出来的讽刺意义却是惊人的相似,丝毫不落下风。

为什么会这样?我们不应该为专利体系的自相矛盾而暗自耻笑吗?发明创造有利于消费者,垄断特权不利于消费者,我们以赋予发明者17年垄断特权的方式奖励发明者。为什么是17年?据说这是主张过多的人和主张过少的人之间相互妥协的结果,本想两全其美,但实际上这个结果"既太多又太少"。说它太少是因为17年的垄断特权完全无法与发明者给整个社会带来的价值相媲美,所以发明者应该得到的奖励被低估了,发明者并没有获得足够多的奖励;说它太多是因为由垄断特权赋予的任何好处都是过多的,都不应该存在于社会之中。

究竟应该怎样解决这个问题?答案其实很明显!像奖励成功的销售员或优秀的棒球运动员一样奖励成功的发明家就可以了,依据他们的表现以现金形式奖励,而不是以垄断特权的形式。那么这笔现金应该由谁出呢?巴里·邦兹(旧金山巨人棒球队的全垒打王)的收入最终来自他的"粉丝","粉丝"们喜欢看他比赛,愿意出钱买票观看他的比赛,因而他有了不菲的收入。那么,谁应该出钱支付给像爱迪生这样的大发明家呢?

一个貌似很有道理的答案是:谁受益谁支付,由受益于爱迪生发明的人们支付，也就是指我们大多数民众，通过我们选出的民意代表进行支付。因此，哈佛大学的迈克尔·克雷默教授建议，如果发明家发明了一台更好的捕鼠器，就应该得到一项专利安排，政府应该立即购买这项专利并公之于众，应用于公共区域。

这一思路至少有一个成功的先例。1839年，法国人路易·达盖尔发明了一个新的摄影方法后，法国政府立即购买了这项专利并将之公开，应用于公共领域。但克雷默教授应该是建议将这一自动专利购买机制纳入制度安排的第一人。

接下来的问题是，如何对政府的这一购买行为进行定价安排。我们如何确定一项发明创造的价值？假如总统的弟弟"发明"了一款新型"一次性回飞棒"（保证不会飞回来），并索要10亿美元的专利费，我们应该怎么办？

克雷默教授的答案是：将每一项专利都进行拍卖。具体而言，这样安排：当拍卖结束之后，由公证人当场抛一枚质地均匀的硬币，如果硬币花面朝上，就由出价最高者购得这一项专利并由他支付相应款项；如果光面朝上，就由政府按照出价最高者出的价格支付这一笔专利购买费。如此安排，政府就不会比私人购买者（他们的出价一般都能真实反映该项发明的价值）多支付专利购买费了。

如果我们使用质地不均匀的硬币，结果可能会更有益于社会。

MORE SEX IS SAFER SEX
反常识经济学4：
性越多越安全

比如说我们使用一枚有 90% 的可能抛出光面结果的硬币，就会有 90% 的专利技术被公开，应用于公共领域。这一结果虽然不如 100% 的专利应用于公共领域的结果理想，但比起没有一项专利被大家共享的结果要好太多。我们必须给私人竞标者一些赢得专利权的机会，否则他们就不会认真出价了。

这样的安排一直运作得很好，直到有一天，有一位"有魄力"的发明家，邀请其好友来参加他的专利的拍卖会，并疯狂地哄抬报价，这一做法彻底破坏了拍卖机制的可信性，操纵了拍卖的结果。如果抛掷的硬币光面朝上，政府就需要支付巨额资金来购买这项专利，如果抛掷的硬币是花面朝上，就由发明家自己（以朋友购买的形式）来购买这一专利，虽然很"昂贵"，但发明家除了损失拍卖会的少量手续费外不会再有其他损失。为了克服这一缺陷，克雷默教授建议将"高投标拍卖"改为"次次高投标拍卖"，即出价最高的竞标者赢得竞标，但只需支付第三高竞标者的出价就可以购得相应专利权。为了操纵这样的拍卖结果，"有魄力"的发明家需要安排三个托儿，而不是像之前安排一个托儿就够了。虽然这样依然无法做到完美无缺，仍然有被操纵的可能性，但还是可以勉强接受的，因为三个串通者完美配合也是很有难度的。就像本杰明·富兰克林曾说过的，要想三个人同时保守一个秘密，除非另外两个人都死了。

第 8 章 搞定其他的事

有人可能会想到，选择第三高竞标者的出价作为最后的成交价会不会引起发明家的不满，因为这样可能降低了专利权应有的价值。其实这种担心完全没有必要，因为所有人都知道成交价是第三高的出价，所以人们反而可能出更高的价格来进行竞标。实际上，在"次次高投标拍卖"的过程中，第三高竞标者的出价很容易就能够达到在"高投标拍卖"过程中第一高竞标者的出价。

另外，在不考虑拍卖规则的情况下，政府根本没有必要必须与私人竞标者支付完全一致的金额来购买相关专利权。当抛掷的硬币显示为光面时（政府有权购买时），政府完全可以支付更高的价格来购买这一专利，比如说 1.5 倍。克雷默教授说这样做其实更公平，因为专利权应用于公共领域并公之于众，比被私人公司拥有可以创造更大的价值。被公之于众的专利技术可以为后来的发明家提供更多的灵感，并激励和帮助后来的发明家不断进步。

最终这笔钱从哪里来呢？当然来自税收！只要这项专利的定价是公平公正的，我们所有纳税人得到的将比我们付出的（税）要多得多。我们可以通过以更低的价格购得更好的消费品来使自身受益，而这种受益是实实在在的，不是凭空猜想的。

具体过程如下所示：对于发明家来说，专利的价值在于允许专利所有者提高相关产品的价格，只有被提高的这部分价格才被发明家所拥有。如果一款新型捕鼠器的发明者认为这项发明值

133

10000美元，那是因为他认为凭借这款捕鼠器，可以从我们所有需要捕鼠器的消费者身上"压榨"出10000美元（而这10000美元我们不得不出，因为我们需要那一款捕鼠器）。当我们以缴纳税款的方式筹集够10000美元，并用于购买这项专利之后，我们实际上只是支付了发明家千方百计想得到的那10000美元，但这款捕鼠器的销售价格就会因为专利权被政府购买用于公共领域而降低。作为纳税人我们是多支付了10000美元的税金，但作为消费者我们享受了产品价格降低带来的益处。所以，我们并没有失去什么！

再将下面情况考虑进来：当这款捕鼠器实现规模化生产，并进行公平定价之后，我们可以不受限制地购买这款捕鼠器，我们买得越多，享受到的价格优惠就越多，所以，消费者或者说纳税人才是这一游戏的受益者。

这一制度安排是完美的吗？当然不是！克雷默教授建议的真正缺点是：让发明专利变得利润丰厚并不会公平地激励所有领域的发明创造，这只会激励适合专利化的发明创造不断推陈出新，而不适合专利化的发明创造可能因此而受到抑制。长此以往，优秀的人才将被利润驱逐出无利可图，但对整个社会可能更有意义的研究领域，比如研究如何改善专利制度的研究领域。

即便是现在，意义重大但不适合专利化的发明创新没有受到应有奖励的情况依然存在,因而也严重供应不足。所以当我们恰巧"遇到"这样的发明创新及奇思妙想时,一定要懂得感恩,能坚守在这些领域的人都是弥足珍贵的。对此,我竟无话可说!

如何搞定消防队

我认为应该准许消防员合法拥有他所营救的所有财产,我们所有人的房子都包括在内。这样一来,消防员可以获得火灾之后所有的剩余物,而我们不再需要向他们支付税款。我们可以将成为消防员的资格进行拍卖,用这笔收益来推动一场更为普遍的减税运动,这样,我们所有人将从中受益。

所有人都能从中受益是因为会有更多的财富会被营救,有更多的财富会被营救是因为所有人受到了适当的激励。当消防员考虑是否值得冒着风险和付出努力去营救你的名牌钢琴时,我们希望他能够了解那架钢琴的价值,进而能去营救它。但有什么能够比把那架钢琴送给消防员带给他的激励更大呢?这样消防员就会认真权衡,如果值得,消防员就会去营救这架钢琴,如果不值得,消防员就会放弃,以避免不必要的风险和营救其他更值得营救的物品。这不正是我们正在努力探寻的使我们的世界变得更加富裕美好的方法吗?

不可否认，这一设想还有很多缺点需要弥补，比如：不仅应该有适当的措施激励消防员去营救有价值的财物，更应该有相应的措施激励消防员多救人，还应该有相应的措施避免消防员为增加收入而去纵火。但这一设想所隐含的原理是坚不可摧的，并已有成功运用的先例，事实上，这一原理正是海事法的基本原则之一。

设想一下我们乘着轮船漂荡在大海上，船发生了故障，好在救生艇足够用，所以我们暂无生命之忧。但任由轮船沉没的话，我们所有人携带的财物都将葬身大海，唯一的办法是舍弃一些物品，以减轻船身的重量，这样才有可能留住一些财物。

假设为了拯救整条船，有人建议将你的钢琴扔入大海，这个损失应该由谁来负担？应该由建议扔钢琴的人负担吗？其他乘客需不需要给你补偿？或者，当你最开始决定将钢琴带上船的时候，就注定了这个损失应该由你自己来承担？

如果钢琴的成本由我（建议者）一人完全承担的话，我会犹豫是否还要建议将它扔入大海，只要还有其他方法能使整艘船获救，我就不会这么建议了。如果不用我承担任何成本的话，我会毫不犹豫地将你的钢琴扔进大海，以使整艘船沉没的风险降到最低。但无论哪个结果都很难称得上是好结果！

就像"金发姑娘原则"①，我们需要一个"刚刚好"规则，对所有人来说既不过分严厉，又不过于宽松，"共同海损原则"随即应运而生。共同海损原则又叫总平均数原则，即每个人的损失占比与每个人的财产占比相同。

举个例子，假设船及上面的货物总共价值100万美元，我的财物占到其中的10%，那么，无论把谁的东西扔下海，我都需要为总损失的10%负责。如果很不幸你心爱的价值5000美元的钢琴被扔下海了，无论是你自己扔的，还是我扔的，还是其他某个神秘的陌生人扔的，我都需要补偿你500美元。

共同海损原则的高明之处就在于，每个人都将受到适当的激励。如果是我将你的钢琴扔下大海，我将获得10%的好处（被救的财物中有10%属于我），并承担10%的成本（需要补偿你损失的10%）。因为这两个比例相同，所以，只有当扔下你的钢琴的受益大于因此需要付出的成本时我才会扔，也就是说，我将你的钢琴扔下去恰恰是因为你的钢琴"应该"被扔下去。

当然，如前文所述，每个人都受到适当的激励同样是因为个人的行为给别人带来的收益和成本，与给自己带来的收益和成本

---

① 金发姑娘原则（the Goldilocks principle），源自童话《金发姑娘和三只熊》的故事。由于金发姑娘喜欢不冷不热的粥、不软不硬的椅子，所以美国人常用金发姑娘来形容"刚刚好"。——编者注

正好呈完美比例。这正是前文讨论消防员的问题时我想表达的观点。消防员承担了灭火的所有成本和风险，按照共同海损原则，相应地，他们也应该收获灭火之后的所有收益——包括你我的房子。

顺便说一下，考虑到我们正在对消防系统进行改革，我建议引入一款新型的报警系统：只有当报警人插入一张特制的信用卡时，报警才会真正生效。当报警人报告的是真实的火情时，系统会自动在信用卡中给予报警人奖励，如果报警人谎报火警，系统会在信用卡中扣除相应金额的罚金，这样将有助于有效遏制谎报火警现象的发生。最后再说一句，在没有想到有效方法解决消防员纵火以增加收入的问题之前，我们应该适当放慢改革消防激励办法的步伐！

如何消灭犯罪

当邻居家安装上报警器的时候，有点头脑的小偷们都会选择换个目标下手，比如说隔壁你家的房子。这就像你的邻居租用了一台大功率的驱虫器，将所有的害虫都赶到了隔壁，也就是你家。

另一方面，如果你的邻居在家门口安装了一个高清摄像头，可以监视整个街道，当然也包括你家，这样你的邻居就帮了你一

第 8 章 搞定其他的事

个大忙。由此可以看出，自我保护的溢出效应既可以是正面的也可以是负面的!

也会有这样的特殊情况，这种溢出效应既是正面的又是负面的。举个例子，私家车防盗方法的发展，比如说车友俱乐部。一方面，使盗窃车辆变得无利可图，迫使潜在的盗车贼改行换业，这是这些防盗方法的正溢出效应；另一方面，这些被迫改行换业的盗车贼可能成了纵火犯或者杀人犯，这种溢出效应就变成了负的。除此之外，还有第三种溢出效应，正在"执业"的窃车贼可能因为无法对车友俱乐部的汽车下手，转而对非车友俱乐部的汽车更加肆虐，比如我的车。

所以，当发现一个只有正面溢出效应的自我保护装置时是多么令人高兴！这个装置就是自动寻回系统：一个隐藏在车体内的无线电发射装置，当车被盗窃后就会被激活，进而引导警察找到偷车贼（或者，再彻底一点，找到偷车贼的老窝）。这种信号发射器被随机地安装在车体内，位置不固定，因而偷车贼很难找到它，也就没办法将它调到禁用状态了。

自动寻回系统的安装完全是隐蔽的，因此很难通过检查一辆汽车以确定它是否安装了自动寻回系统。所以它和其他的防盗装置不同，比如说车友俱乐部。自动寻回系统没办法防止你的汽车被盗，但它可以增加寻回你的车的机会。

MORE SEX IS SAFER SEX
反常识经济学4：
性越多越安全

从社会意义的角度看，自动寻回系统的优势更加明显，它在帮助你的同时，不仅没有伤害到你的邻居或其他人，而且也帮助了他们。类似车友俱乐部的防盗措施只是激励盗车贼去盗窃别人的车，而自动寻回系统是激励盗贼停止盗窃！

自动寻回系统的有效性是如此令人印象深刻！在这一系统被使用10年后，经济学家伊恩·艾尔斯和史蒂芬·列维特在十几个城市进行了调查，以找到证实这一系统有效性的准确数据。他们的工作并不轻松，就像自动寻回系统的普及率影响汽车盗窃率一样，汽车盗窃率也影响自动寻回系统的普及率。首先，在汽车盗窃率高的情况下，人们会购买更安全的汽车（自动寻回系统的普及率就会提高）；其次，在汽车盗窃率高的情况下，警察当局的表现也会不同。所以，将这些因素之间的相互影响要分析清楚着实很难！

经过大量的统计分析，将所有的干扰因素排除掉之后，艾尔斯和列维特终于证实，自动寻回系统对汽车盗窃率的降低确实具有令人吃惊的影响作用。他们证明，自动寻回系统的普及率每增加一个百分点，汽车盗窃率将下降20个甚至更多的百分点。①

那么，不偷车的盗车贼都去干吗了呢？他们是搬到其他城市

---

① 这项研究被绝大多数经济学家认为是列维特最优秀的成果之一，但在他的畅销书《魔鬼经济学》中却只字未提，我们可以猜一下这是为什么。

去了，还是转行去做入室盗窃犯了？抑或是真的洗心革面、重新做人，成为对社会有用的一分子了？艾尔斯和列维特对这些难题也进行了深入探寻，他们的保底结论是：自动寻回系统确实避免了很多犯罪行为的发生，而不是简单地改变了他们的犯罪对象。

事实上，尽管安装一套自动寻回系统每年会增加100美元的成本，但按照艾尔斯和列维特的测算，每个安装这一系统的车主都将获得避免车辆被盗的好处，而这一好处相当于每年增加1500美元的收益。多数情况下，这1500美元的受益者不仅包括自动寻回系统的拥有者，而且包括完全不相关的陌生人。

这意味着应该对自动寻回系统的使用予以补贴。同样道理，应该对可视化的安保系统，比如我邻居家的报警器、车友俱乐部等施以重税。就像我们早已说过的一样，如果你可以通过自己的行为使陌生人受益，社会就应该对你这种行为予以鼓励！

如果我们所有人在同一家保险公司买保险的话，我们应该期望保险公司给予我们适当的补贴，因为安装自动寻回系统，可以使保险公司理赔的数量下降，所以保险公司很乐意为顾客安装自动寻回系统的行为付款。但当不是一家保险公司，而是存在多家保险公司的情况下，这一分析就不成立了。当有多家保险公司的情况下，假设一家保险公司拥有10%的公众作为自己的客户，那么就只能得到自动寻回系统带来的10%的收益，所以也就只能补贴其中的10%。

  这将引发一个有趣的研究课题：假设整个保险业是垄断的，一方面，我们需要支付保险产品的垄断高价，另一方面，我们可以获得诸如自动寻回系统（当然还有其他事物）带来的补贴收益。所有因素都考虑进来，我们的境况到底变好了还是变坏了？天知道！

  其他形式的自我保护措施会有怎样的影响？比如说持有手枪和纳税造假。先说持有手枪。多位经济学家，以约翰·洛特和他的合作者戴维·马斯塔德为代表，坚信手枪的普及（尤其是通过合法持枪的通道）对犯罪率的下降有显著作用，简言之：枪越多，犯罪越少！洛特的工作引发了许多批评，其中的一些不过是无谓的人身攻击和缺少智慧的推理游戏。但也有经过深思熟虑之后的批评，这些批评引发了数轮激烈的争论，我在这里就不一一摘录和评价了。相反，我所关注的问题是：假设洛特的观点正确，枪支对于降低犯罪行为的发生具有积极作用，那么，这就意味着我们应该补贴拥有枪支的人吗？答案当然是否定的！不是所有有益的事情都应该得到补贴，否则的话我们需要补贴的事情就太多了，卖春女郎的出租屋和网络色情也应该包括在内。判断一件事是否应该受到补贴不是看其结果是好是坏，而是看它是如何导致一个好的结果的！合法持枪的例子也不例外，让我们分析一下。

第 8 章　搞定其他的事

第一种可能：由于"我"有枪，罪犯放弃实施犯罪行为，因此你和我都得到保护，我们均从中受益，这时枪与自动寻回系统具有类似作用，"我"应该因为持有手枪而得到补贴。

第二种可能："我"持有手枪保护自己，对其他人不构成任何影响。深夜，街头，劫匪拦住我的去路，我拔出手枪，气势十足，劫匪知难而退。"我"持有手枪的行为已经得到充分的激励，因而没有必要对"我"再施以任何激励。

第三种可能：我持有手枪保护了自己却伤害了别人，犯罪分子不敢对我下手，就将别人作为犯罪目标。这种情况描述的场景与证实枪支可以降低犯罪率的实证研究完全一致：犯罪分子在街头拦住我，被我用枪吓跑之后，有一半的可能今晚就此收手，也有一半的可能另寻目标，再度实施犯罪。这种情况下，枪支虽然可以降低犯罪行为的总体发生率，却产生负面的溢出效应，应该像对车友俱乐部一样对持枪者课以重税！

更为详细的描述如下所述（以防有人喜欢这种情况）：让我算一笔账，假设个人支付 100 美元购得一支手枪，可以避免自己被抢劫，经测算，被抢劫的平均损失大约为 150 美元；同时，另外某个人（比如说你）的损失平均为 75 美元（因为有一半的可能会被抢，所以预期损失是 150 美元的一半）。由上可知，个人持有枪的总成本是 175 美元，包括持枪本人的 100 美元和另一个不相关

143

个人的 75 美元，超过了个人不持枪的总成本 150 美元（被抢的话损失 150 美元）。所以，整个社会应该采取措施抑制个人持有枪支。

至于纳税造假问题，同样有多种情况。如果纳税造假行为是如此普遍，以至政府采取严厉措施，使纳税造假行为更加难以实施，这种情况下，纳税造假行为就会成为一项有益于整个社会的行为。如果政府将你偷漏掉的税额都转嫁到我身上的话，纳税造假行为就与前文所述的报警器有异曲同工之妙了，都是将负面溢出效应强加于别人身上。

安装报警器或者纳税造假是否违反道德准则？那要看你如何定义道德了，这就不是这本书要讨论的问题了，或许，不同的作者会有不同的见解。

如何预防交通事故

每年仲夏节这一天，大约在下午 6：03，夕阳洒下余晖，照耀着我家附近的街角，阳光刺眼，让西行的司机基本看不到交通指示灯的存在。不仅仅这一天是这样，基本上夏天的每一天都是这样。于是我不得不经常与当地的交通警察打交道（他们来这里处理交通事故），甚至建立了"深厚的友谊"。我们大约每周或稍长点时间就要见一次面，在我家门前的草坪上，像老朋友一样，

第 8 章　搞定其他的事

我给刚刚发生事故的老兄递过去茶水、毯子以及手机,而警察就在边上填着他们的报告。

不得不说现在的汽车制造工艺很发达,安全措施非常完善,令人惊喜,不止一次看到几十辆车发生交通事故停在我家门前的草坪上(偶尔停在我家旁边的其他地方,最壮观的是看着这些车被推着通过车库门),却没有一个人因此受伤,汽车的安全性能已经十分完善。但同时也应该看到,我们的法律体系还远称不上"完善",没有任何人受到任何激励(哪怕是住得最近的我),在下午的6:02,拿上一面小旗,在那个看不清交通灯的街角指挥交通,直到太阳落下一点点、司机能看到交通灯为止。没有人有动力去做这样一件我们需要且轻而易举的事,我们的法律体系还需要改进。

我的好友戴维·弗里德曼曾就交通法的修改提出一个激进的方案,他建议:两车相撞,假设总共损失10000美元,则对周围一英里内的所有人罚款10000美元。这样的话,附近所有能看到或能预计到要发生交通事故的人,都将采取一切措施避免事故的发生,比如指挥交通,比如疯狂鸣笛以警告即将发生的危险,而且这些措施一定符合合理成本原则。

这一方案的实施有几个困难需要克服。为避开事故高发区,人们可能绕远路,造成无谓的效率损失,或者干脆不出行,以降

MORE SEX IS SAFER SEX
反常识经济学4：
性越多越安全

低被罚款的风险。像我，在夏天，一定会待在办公室足够久，直到晚高峰彻底过去，避开"魔鬼六点钟"。另外，报告一起交通事故将遭遇巨大阻力，人们一定争相贿赂事故受害方，以使受害方隐瞒发生事故的事实。再者，真的实施这一方案的话，对于所有人来说都是噩梦。

我们在这一点上的困惑已经历时很久！让时光回溯到1597年，那年，两位英国农民卷入布尔斯顿案，并最终导致一项法律被废除。案件是这样的：一位农民种植玉米，另一位农民饲养兔子，兔子吃玉米，且不管是谁家的玉米，都吃。于是两位农民发生矛盾，对簿公堂。当案件审理结束，法官的裁定如下：鉴于饲养兔子的农民并非真正拥有兔子，而仅仅是挖些洞，引诱这些兔子被困于此，所以不需要为兔子的行为承担任何责任。法官的这一裁定成为经典判决，被后来的法庭多次引用，一直到20世纪。

按此逻辑，我燃放烟花烧毁你家房子时也不需要承担责任，因为我并不真正拥有那些"火花"。但没有哪家支持布尔斯顿判决的法院能达到与之相媲美的地位，在法律看来，兔子就是特别原因的代名词。

法官的逻辑显然难以成立，但也将一位优秀的经济学家——A. C. 庇古带到了沟里。他经过深入思考，重新审视了"兔子争论",并写了一本关于福利经济学(经济学的一个分支,研究此类问题)方面的书,他正确地引出所有权的问题,也成功地将人们的注意力转移开来。他提出新的问题并给出自己的答案。他认为,正确的问题不是关于所有权的,而是关于"过错"的,饲养兔子的农民存在错误,所以应该承担责任。

这种分析也不正确。在这个问题上,律师犯了一个错误,经济学家如庇古犯了另外一个错误。最终,一位律师借助坏经济学家、一位经济学家借助差劲的法律推理,看清了问题所在,这位律师和经济学家其实是同一个人——法律经济学家罗纳德·科斯,一个诺贝尔经济学奖获得者。

科斯的观点如下所述:第一,不能忽视问题,现在的问题是兔子吃了玉米;第二,不能忽视原因,兔子吃玉米的原因是它们离得很近;第三,不能忽视"对称性",兔子离玉米很近,就像玉米离兔子很近一样。所以各方其实都有错误,如果没有兔子的话就不会有这个问题,如果没有玉米的话也不会有这个问题。

如果我们的目标是以尽可能低的成本(与庇古的目标一样)解决这个问题的话,追究是谁的错就完全没有意义了。所以,正确的目标是确定谁能以最低的成本解决这个问题。养兔子的农民能否扎一道篱笆将兔子围起来?能否将兔子饲养在笼子里?能否将兔子转移到别处饲养?能否饲养其他不吃玉米的动物如狐狸?

种植玉米的农民能否扎一道篱笆将玉米保护起来？能否使自己的玉米令兔子生厌？能否将玉米种植到其他地方？能否改种西瓜等兔子不吃的作物？要以最低的成本解决此类问题，首先得明确谁能以最低的成本解决这个问题，然后给他施以适当的激励促使其实施。经济学理论无法告诉你这两个问题之间有什么区别，而错误与这一问题的解决没有任何关系。

庇古所犯的最大错误是对公共河流原则的"不朽误用"。他注意到兔子的行为造成负的溢出效应，因而应该采取措施加以限制。但他没有注意到这种负的溢出效应具有双向性：兔子吃对方的玉米，给对方造成损失；对方起诉自己，停止养兔的话，自己也将遭受损失。这些都是溢出效应，哪种溢出效应更应该受到抑制？这取决于谁造成的损失更大（而不是谁存在过错）。

科斯的深刻见解不仅适用于兔子的案例，它甚至彻底革新了经济学家对待污染的方式，下面我将详细解释。

如何消除污染

我的一位同事采用了一种新的课堂策略：他每提出一个问题，专挑不举手的同学来回答。所以，对于学生来说，如果不想被叫到回答问题的话，就必须把手举起来。

第8章 搞定其他的事

这样做的次要好处是：学生不得不保持最低限度的注意力，以确保知道什么时候应该举手；最主要的好处是：知道问题答案的学生不用担心再像呆子一样（独自）在空中挥舞着自己的手臂。对于多数学生，尤其是大学新生来说，这一招儿确实很有威慑力。他们在高中时形成的认识是：对学术充满热情一点儿也不酷！

但必须说，在高中阶段解决这个问题效果会更好。比如，给予优秀者很酷的奖励，让学生形成"对学术充满热情是一件很酷的事"的观念。奖品并不是必需的，但"奖励"这个行为是必需的，让学生能够切身感受到，他们可以一边努力学习，一边保持他们心目中"酷"的状态。

解决这一问题的另一方法是将努力学习者与游手好闲者进行分离。比如，在六年级时，让学生自由选择希望留在哪一个班级，学校向不同的班级提供不同的"服务"，有的班级提供免费的百科全书等学习资料，有的班级提供免费香烟等消费品，最终待在哪个班由学生自己选，这种方法可以很好地区分学生。

通常来说，很多问题都可以通过简单的"隔离"得到很好的解决。比如，设置一个适当的无烟区就非常有助于在顾客和餐馆之间建立良好的关系。

说到这儿，又要讲一个公共河流理论的小故事了：假设两个

149

人，一个是吉尔，一个是杰克，吉尔喜欢游泳，而杰克喜欢往河里倒污泥，两个人谁也不愿意为了对方的爱好而牺牲自己的爱好，如何解决他们之间的矛盾？有时将杰克和吉尔进行隔离是解决这一问题最好的办法（如上文所述）；有时劝说吉尔换个地方游泳是最好的办法；有时最好的办法是鼓励杰克待在原地不动，眼看着吉尔移到上游去——就像解决兔子和玉米的难题时那样，将玉米换个地方种植不失为一个很好的办法。

哇！我似乎开始"胡言论语"了。我在前文中不止一次告诉大家，对于污染公共河流的行为应该予以抑制，但在刚才我说的似乎与此完全相反，似乎在建议应该"纵容"污染公共河流的行为。其实并不是这样！这里的关键是并没有必要让所有的河流都变成公共的，有时"逆公共化"或者"暂时的私有化"或许是更好的选择。

从某种意义上说，杰克和吉尔都是河流的污染者，他们并没有什么不同，更不存在高低贵贱之分。杰克妨碍了吉尔游泳，吉尔（尤其是去司法机关起诉杰克的情况下）也妨碍了杰克"正当的"倒污泥的权利。如果应该对杰克侵犯吉尔环境的行为采取抑制措施的话，对于吉尔"侵犯"杰克"倒污泥权"的行为，也应该采取相同的抑制措施。①

当邻居"肆无忌惮"地开着他的高音喇叭，放着"聒噪"的音乐时，他给我造成了不便，增加了我的成本；当我选择叫来警察，而不是选择自己去公园走走，或者戴上耳塞时，我也给我的邻居带来了不便，增加了他的成本。我们两个之中，应该对谁的行为采取抑制措施？如果这是一道考试题的话，答案应该是：条件不足，无法解答！因为这一问题既取决于邻居在意他的音乐的程度，也取决于我恨带耳塞的程度。②

防止环境污染的政策既要考虑到我们所有人共享一片蓝天的事实，也要考虑到成本是多方面的。站在我的角度，往空气中排放碳氢化合物是不好的；站在对方角度，阻止他排放碳氢化合物对他来说也是不好的。没有一套单纯的理论可以明确地告诉我们，哪种行为不好，哪种行为更应该受到抑制？每一个案例都不同，应该具体问题具体分析！但我们应该记住，有时候解决这一问题的最好办法往往是让被污染的人移到上风口去。

---

① 西方人重视平等自由，在作者看来，杰克的排污权和吉尔的游泳权是一样的，没有高低贵贱之分。——译者注

② 也许在"正常人"看来，那根本就不是音乐，但按照作者的观点这都不重要，只要邻居认为是音乐就可以，就像"正常人"可能不认为"倒污泥"是一项权利，但只要杰克认为是，那就是。——译者注

MORE SEX IS SAFER SEX
反常识经济学4：
性越多越安全

如何抵制分数膨胀

我记得在我上学时，"C"代表的是平均水平。现在，当我给我的学生期末成绩打分时，院长办公室指示我能给学生打的最低分是"C"。在沃比冈湖这边，我们称这种现象为分数膨胀。

分数膨胀会导致传递的有效信息减少，这已经是人所共知的老生常谈，但这种说法只对了一半。一方面，分数膨胀会导致无法区分"一般好"和"特别好"的学生（因为他们的得分可能都是A）；但另一方面，分数膨胀却可以很好地区分较差学生之间的差别。当平均成绩是B时，好学生都会得到A的成绩，而差学生却会得到C的成绩，区分度反而提高了。

但仍然存在有价值的信息被白白浪费掉的现象，因为老板更在乎的是最顶尖人才之间的区分度，而不是最底部人才之间的区分度。因此，大学成绩的平均价值在不断下降，因为传达有效信息才是大学成绩的真正价值所在，而这种功能在不断地被分数膨胀弱化。下面举一个简单的例子：假设对于老板来说，得分为A的玛丽的价值是40000美元，得分为B的詹妮的价值是30000美元，分数膨胀导致老板无法区分玛丽和詹妮（她们的得分可能都是A）。我们可能期望老板给她们每人35000美元，但这只是我们的一厢情愿罢了。实际上，由于无法区分玛丽和詹妮，也就很难给她们分配合适的工作，这一损失会降低她们的价值，老板可能因此给她们每人32000美元，这对于詹妮来说是额外的收益，但对于玛丽来说却是额外的损失，并且玛丽的损失大于詹妮的收益，社会的总福利也因此下降。

那么，得分在平均水平以上的学生就应该因此而反对分数膨胀吗？完全没有必要！因为学生并不是仅仅依靠起薪生活的，上述因素只会影响到学生的起薪，对之后发展的影响并不是那样的。对于优秀的学生来说，所处环境的竞争压力实际上相对下降了，而这种优势完全可以抵消经济方面的损失。另外，这种经济损失并不是由学生独自承担，学校也要承担一部分。由于分数变得不那么重要，大家上大学的积极性会因此降低，大学为了吸引到更多的学生，不得不降低学费，否则就要忍受招不到足够学生的后果（或者更准确地说，大学必须牺牲学费或招生人数方面的收益，而这两个方面近些年来一直在不断提高，提高的原因与分数膨胀无关）。一个因为坚持高标准而在各高校中脱颖而出的大学应该获得市场的丰厚回报，因为它颁发的学历证书更有价值。

如果各个大学正在为分数膨胀的后果买单，那么为什么各个大学还允许这种现象的存在？部分是因为打分的并不是大学本身，而是教授。教授为各个学生打分，而教授本身面临不适当的激励动机。作为一个个体，教授往往可以从他的学生那里得到一定的

153

特殊利益，因此更乐于让学生们保持昂扬向上的状态（以给学生打高分的方式实现），当然不会考虑到是否会损害某个上其他人课的、不知名的陌生人的利益。另外，在大学校园里容易拿到高分的课程更受学生欢迎。这种"宽宏大量"的成本——以学校信誉损失的程度来衡量——由整个学校共同承担，而收益却由教授及其班级单独享受，因此，教授们更倾向于做个"宽宏大量"的好人。所以很明显，问题的关键是，在学校的利益与教授的利益之间有一条不可逾越的鸿沟，任何有效的解决方案都应该致力于缩小这一鸿沟。

这就是为什么有的学校设置终身制教授的原因。非终身制教授就像公司的债权人，只要公司收益率短期内保持在平均水平以上他们就会很开心；而终身制教授就像公司的股东，他们永久性地拥有公司财富的一部分，因而更关注公司收益率的长期表现。教授们应该像美国联邦储备委员会主席一样，拥有工作保障，获得职业安全感，不用为丢掉工作而担忧，因为这样才有利于他们在长期工作中慢慢积累起对工作应有的、健康的敬畏感！

当然，这并不是说终身制就是一件绝对的好事，因为终身制会在多方面影响教授们的行为方式，而这些方面可能与分数膨胀问题没有任何关系。在任何情况下，终身制最多不过是解决激励问题的部分答案，因为终身制教授也只能分担或享受整个学校失败或成功的一部分。那么该如何彻底解决这一问题？让我来提些建议！

首先，大学成绩册可以显示每位教授打分的整体情况，这样，"宽宏大量者"给自己的学生打高分就只能影响自己的信誉，而无法影响其他教授的信誉了；其次，院长办公室为每一位教授设置一份分数预算表，将每一个分数等级的数量确定下来，比如说，得分为 A、B、C 的学生数量均不得超过 10 人，一旦你已经给 10 位学生打了 A，在下学期之前就不能给其他学生打 A 了。（为了应对特殊情况的存在，我们可以允许教授之间进行交易，比如 3 个 A 可以换 5 个 B，同时规定，可以预支下一年的预算。）

分数预算表并不是要强制规定教授对学生的打分情况，教授可以通过统一协调各个班级中获得高分的人数来弹性调节，比如教授想给这个班的学生多打几个 A，就可以在其他班中适当减少 A 的数量。确实，经常会出现这样的现象，有 4 个同学都可以得 A，但教授手中只有 3 个 A 的名额，那么就只能有一个同学"倒霉"了。实际上幸运地获得 A 的同学也遭受了分数膨胀造成的不公正，问题的关键是如何消除这种不公正。这种不公正往往无法消除，但减轻它的影响还是可以做到的。

对于每个教授来说，分数预算表都是一个很大的约束，但这不一定是件坏事！经济理论告诉我们，如果每个人都在污染公共河流，那么每个人都将从适度减轻污染中获益。个人权利受到限制一般都会造成某种损害，但如果所有人都受到限制，产生的收益将完全可以抵消这种损害。由于"分数预算表"的限制，教授们将不得不给出更少的 A，但他们的 A 将更有价值！

既然分数预算表如此有用，为什么不实施这一制度呢？这就是一个政治学问题，而非经济学问题了，应该将这个问题留给其他方面的专家。在这种情况下，经济学家的职责是告诉我们应该朝着哪个方向努力，而政治学家的任务则是告诉我们为什么现在还无法实现那一目标。

如何减少等待时间

人们用于等待的时间过长，这不是个模糊的价值判断，而是经过精确的经济核算之后的结果。排在我们前面的人在浪费我们的时间，而他们对此却根本不在乎，这是很多小灾难的诱因。

排在队伍前面无故浪费时间的行为，既像往别人家的草坪上倒落叶的行为，又如当有人分担账单时点很多吃不掉的甜点的行为，都是因为不是由个人承担全部成本，所以就肆无忌惮地挥霍。如果你站在 10 个人的前面，花了半分钟喝水，每个人因此而需要多等待半分钟，你实际上总共浪费了别人 5 分钟，你喝的那杯饮

第 8 章 搞定其他的事

料值得你浪费掉的那些时间吗？如果浪费掉的那 5 分钟全都是你自己的，你还会喝那杯饮料吗？

原则上说，可以通过构建一个市场机制解决这一问题。如果我排在你的前面，你可以自己出钱请我离开，也可以联合你后面的人共同出资请我离开。但你没有这么做，可能是因为这种协商机制很麻烦，也可能是因为你担心免费搭车者窃取你出资换来的成果，当然也可能是因为你不想被看作是一个古怪的经济学极客。所以我们就错过一次互惠互利交易的机会，这是我们的不幸！

下面讲一个不同的解决方案：改变规则，后到者去前面排队。这样排在队伍最后的人就会放弃排队，转而回家（然而实际上，他们仅仅会离开队伍，然后像一个新来者一样站到队伍前面去，但在这里，我们假设可以有效防止这种情况的发生）。这样，我们的平均等待时间将显著下降，所有人都将从中受益。

如果这听起来有些不可思议，让我们举个例子分析一下。假如在城市公园中有一个饮水机，前面有很多人在排队接水，有一群同样口渴的慢跑者一直从这里经过，每一个慢跑者都会观察队伍的长度来决定是否加入排队等水喝。因为他们口渴的程度一样，所以他们能够等待的最大时间长度是一样的。让我们假设最多可以等 12 个人接水用的时间，所以队伍中只会有 12 个人在等待，达到或超过 12 个人时慢跑者就会离开，当队伍中剩下 11 个人时，

157

就会有人立即加入进来，使队伍的人数又恢复到12个人。

这将是一场灾难！因为队伍中每个人都要等待他们能够忍受的极限时间长度。在队伍中等待的人不会比没在队伍中等待而选择离开继续慢跑的人多出哪怕一点点快乐，也就是说排队与不排队是没有差异的。如果排队的人更快乐些，就会有人加入排队，使排队的时间延长至每个人同样快乐（或者说同样悲伤）为止。既然饮水机并不能给任何人带来任何一点快乐，那么它也就没有存在的意义了。

但如果让新来者去前面排队会怎样？由于我们已经假设会不断有新的参与者加入进来，在队伍中排在第二的人将永远喝不到水，每到他接水的时候就会有新人过来，排在他的前面接水，如此周而复始，排在队伍中除第一个正在喝水的人外，所有人都将喝不到水。当你跑到饮水机旁边时发现有人在喝水，这时你加入排队也就没有意义了，而只能选择继续慢跑。但如果你足够幸运，跑到饮水机边的时候正好有人喝完水，你就可以立即开始喝水，而无须等待。

这是一个了不起的结果，没有人因为排队浪费时间。你可能认为这样也存在缺点，足以抵消上述的优点，因为还有很多人永远喝不到水。但这种说法其实是错误的，在传统的排队方式中也有很多人永远喝不到水，就是因为队伍过长而永远不能加入排队的人。在每一种体系下饮水机都被充分利用，这意味着每一个体系下能喝到水的人数是一样的，唯一的不同是后一种体系不需要等待，人们不需要浪费时间排队。

下面让我们调整一下这个例子的假设条件，使之更符合现实情况。假设新加入者的到来不是连续稳定的，而是偶尔和不可预知的，那么，由于新来者可以直接排到队伍的最前面，所以对于所有人来说，停下来等水喝是值得的。但在你等待的过程中如果又有新来者，你就只能往后排了，以给新来者让位。当你排得足够靠后时，你就会选择离开。

这一机制可以保证队伍很短，也就是等待时间很短，而这是"极好的"。[1] 事实上，这不仅仅是"极好"，简直可以称之为"完美"！在这一机制（后到者排到队伍前面）下，排队的长度总是最合适、最有效率的，原因如下：决定是否加入排队的队伍几乎不需要任何思考，只需要循着本能的召唤即可（在这里指渴了就去排队等水喝），但决定是否离开、何时离开队伍却很难，需要经过仔细斟酌。这一决策由排在队伍后面的人做出，而这一机制可以保证，无论排在最后的人选择离开还是留下，都不会对任何人造成损害，也不会使任何人受益。

---

[1] 另一方面，我们不应该期望队伍的长度为零，即等待时间为零，因为这样会造成饮水机被闲置，得不到充分利用。

换句话说，这一机制保证了决策者承担了自己决策的所有成本，享受到了自己决策的所有收益，而这正是这一"完美"结果的关键所在。

当然，要实现这一"完美"结果需要很多假设条件的成立。首先，所有参与者都具有充分的信息，知道什么时候采取相应行动最合适，包括明确知道目前队伍的长度（即目前需要等待的时间），以及可以合理预测新来者到来的频率（即可以预测是否需要增加等待时间）。其次，所有人口渴的程度相同，如果这一假设不成立的话，结果就不够"完美"了，尤其是当不太渴的新来者顶替更加口渴的等待者的时候，社会的总福利就下降了。最后，要有有效的方法，可以避免离开者离开后转而成为新来者而排到队伍最前面的现象。这一点的实现并不困难，就像原来机制（新来者排到队伍后面）下，存在有效方法防止人们插队一样。

上述假设条件与目前电话客服的排队机制非常类似。它的运作原理如下：假设你给微软的客服打电话，要求安装Windows操作系统，电话客服人员会在一开始就告诉你目前来电的平均频率，并告诉你每一个新打进来的电话都会排到你前面的规定；每隔一分钟或稍长点儿时间，客服人员会提示顾客在目前排队中所处的位置，如果顾客挂断电话重新打进来，客服服务器会确保这一顾客打不进来（防止有人插队）；如果确有紧急情况，顾客可以选择通过付费的方式在另一个队伍中排队（比如 VIP 通道），等待的时间当然就要短很多。

这种排队机制在现实生活中居然真的可以运作，是不是很不可思议？如果是的话，那是因为，你可能没有想过这一机制会使等待的平均时间缩短多少（能缩短很多）。就凭这一点，就足以成为运作这一机制的可靠理由！

MORE SEX IS SAFER SEX

第三部分

日常经济学

如果在你的办公桌上放上一台电脑,你的办公效率就会提高10%~15%,因此收入也会比同行业内的其他人高10%~15%,即便你们的教育水平相同,资历也类似。

这可能会令部分朋友吃惊,尤其是对于仅将电脑当作即时通信工具和游戏机结合体的朋友来说更是如此,他们的桌面上除了各种即时通信信息窗口之外,仅能找到纸牌等益智游戏。但统计数据显示的就是这样!

不止一位优秀的经济学家因此而得出结论:任意找一个人,哪怕是一个"一般愚蠢"的人,只要给他一台电脑,他的工作效率就会提高10%~15%。这些经济学家后来看到约翰·迪纳尔多和约恩–斯特芬·皮施克的研究后更是大吃一惊,因为他们发现使用铅笔的员工工作效率也要比一般员工高10%~15%(因而收入也高10%~15%)。

没有人会一本正经地说,铅笔可以使员工的工作效率提高15%。实际情况可能是,工作效率高的员工一般与铅笔具有稳定

MORE SEX IS SAFER SEX
反常识经济学4：
性越多越安全

关系（比如说使用铅笔，或喜欢铅笔），而工作效率低的员工一般与其他东西具有稳定关系，比如说拖把。至少从本书目前在这里引用的证据看，我们能说的仅仅是，这一现象的原因应该和上述电脑会导致工作效率提高的原因一样。

这个故事想要说明的道理是：不要急着下结论。我们的日常生活中充满了经济学的影子，比如我们在家和在工作场所具有不同的行为模式等。这些问题看似简单，但还远没有研究透彻。有时候事实已经很明确了，但事实背后的原理可能还是朦朦胧胧的。有时会有某位勇敢的研究者告诉我们如何将朦胧变得清晰，但更多的时候我们还是挠破头皮也想不明白到底是怎么回事。下面，我将以几个让人头疼的问题作为本部分内容的开头。

第 9 章　让数据说话

在过去的 30 年中，唯一实现连续多年稳定增长的经济变量是购物车的尺寸。据刚刚和我聊天的超市经理说，现在购物车的平均尺寸是 1975 年时的三倍。这一点令人印象深刻，因为 1975 年时，这一轮的经济高速增长已经开始，经济学家们早就探测到了经济增长的脉搏。

拉尔夫·纳德首先了解到这一点是因为当时他正在进行相关研究。拉尔夫先生将之作为论证消费者在多大程度上被无良资本家操纵的主要例证。据拉尔夫介绍，之所以将购物车制作得这么大是为了"羞辱"不买东西的顾客，以达到"迫使"顾客增加购买量的目的。

MORE SEX IS SAFER SEX
反常识经济学4：
性越多越安全

拉尔夫先生假设，人们会因为被邻居看到只买了半购物车的东西而感到尴尬，即便我们接受这一其实并不值得相信的假设，拉尔夫先生接下来的解释也缺少基本的逻辑性。他最多解释清楚了为什么购物车是"大的"，但并没解释清楚为什么购物车变得"越来越大"。实际上，一旦部分聪明的杂货店老板发现更大的购物车意味着更大的销量，购物车的尺寸就突然一夜之间全部变大了，并没有随着时间的推移而逐步变大。

拉尔夫先生提出这一观点没多久，他的理论就开始出现在芝加哥大学经济学系学生的试卷上了。他的理论经常以这样的方式出现在试题中：请解释一下，为什么拉尔夫先生的理论不正确，并指出一个你认为正确的解释。教授们希望看到的答案是：直到最近（当时的"最近"），多数家庭都会专门有一个成员（通常是妻子）负责在周末采购一周所需的商品，而这通常也是她（多数情况下是妻子）的全部工作。但随着时代的发展，女性也需要出来工作，这一模式就发生了改变。由于工作繁忙，她们逛超市的频率就有所下降，因此每一次购物都需要买更多的商品，因此购物车变得越来越大。

有一个老笑话，就是研究生们每年的期末考试试题都一样，但答案每年各不相同。自从购物车的问题成为历年考试的"经典"试题之后，学生们开始竞相为这一问题不断提供新的更具创造性的答案。我现在每年给新生上课时，都像在开一场经济学的研讨会，在上课的第一天我就把这个问题提出来，供大家思考。令我十分欣喜的是，每一届学生都能给出完全不同但言之成理的答案。

以下是其中的 6 个答案：

1. 由于现代人比 30 年前的人们更加富裕，人们对消费体验的要求更高，所以愿意为在更宽敞的通道中购物付出更高的价格。更宽敞的通道会导致商品价格上升是因为，更宽的通道需要更大的空间，因而需要更多的投资，从而推高了超市的综合成本。通道变宽之后，人们自然而然地也希望购物车变得更大。（事实上，这一答案并非出自我的学生之口，而是来自我的父亲，感谢父亲！）

2. 现在的房子比 30 年前的房子大了很多，因此储藏室的空间也比以前大了很多，所以人们可以每次购买更多的东西，因此需要更大的购物车。

3. 由于人们变得更加富裕，所以每一餐都愿意多做几个菜，因而需要储备更多的食材，需要购买更多的东西，需要更大的购物车。

4. 由于人们变得更加忙碌，家庭成员之间可能更倾向于独自吃饭，所以每个家庭每天做饭的次数就会增加，因此家中需要储备更多的食材，因此……（如上述那般推理）。当然，这也可能造成减少需要做饭的次数，因为人们很忙的话可能会选择在餐馆吃饭。

　　5. 技术的进步可以使家庭中的每一位成员都吃到自己最喜欢的食物。由于速冻食品的品质不断提高，一个五口之家不必再为了兼顾每一个人的口味而共享一份肉饼，而是每人都可以吃到自己最想吃的食物。（技术方面的一个小进步，可能导致消费者购买习惯方面的大变化。在只能选择14英寸的带包装的比萨时，苹果味的卖得最好，但当7英寸的比萨也有包装版时，苹果味的销量就降到了第五。这是因为苹果味的实际上并不是大多数人的最爱，而是大家的"次爱"，由于每人的最爱都不同，所以为了照顾大家的口味，就只能选择具有更大接受度的"次爱"。现在比萨的尺寸变小了，每个人都可以选择自己的最爱了，"次爱"的销量自然就下降了。）

　　6. 信用卡的使用提高了消费者的购买能力，因而每次购物可以比过去只能用现金支付时购买更多的商品。（学生能想到信用卡很难得，但还不够，应该注意到信用卡的使用对于购物车变得越来越大，既具有正面效应也具有负面效应，负面效应如下：过去，没有信用卡，人们消费只能使用现金，所以每次购物之前都得先去银行取现金，非常不方便。为了减少麻烦，消费者更乐意每次多取点钱，然后多买点东西，所以，不使用信用卡更容易造成购

第 9 章 让数据说话

物车越来越大的结果。相反，有了信用卡后，人们可以随时去买东西，即便只是买一瓶牛奶或一斤鸡蛋也可以去一次超市，消费变得更加便捷，所以也就没有必要每一次购物都买很多东西，因此购物车反而没有必要做得越来越大。）

人们随时可以给购物车制造厂打电话，并询问为什么购物车变得越来越大？我有理由相信你会无功而返。购物车制造厂确实知道它们的顾客希望购物车越来越大，但它们没有理由知道这是为什么。

当我在《石板》杂志的一篇专栏文章中首次提到"购物车之谜"时，收到很多有趣的读者来信。其中一位叫苏珊·普罗文的读者在信中认为，购物车之所以越做越大是因为单亲妈妈越来越多，她们带着孩子逛超市时需要把孩子放到购物车里，购物车要大到足以放下孩子和购买的商品，所以购物车越来越大。更多的来信提到这样一个事实，超市不断向综合化发展，不再像以前一样只销售食品，在现在的超市里顾客可以买到电视、DVD 播放器、垃圾桶等非食品商品。这大概是因为随着生活节奏的加快，家庭妇女们也没有时间去逛五六个超市以买全自己需要的商品了，而更乐于这种一站式购物的体验。所以，随着商品品种的增加，购物车也越来越大。

一些读者指出，现在的购物者都喜欢开车去购物，并且喜欢

MORE SEX IS SAFER SEX
反常识经济学4：
性越多越安全

开SUV和小型货车这种空间大的车，所以可以放更多的购物袋。关于这方面论述，分析最深入的来信分别来自帕梅拉·拿达西和格雷格·多伊尔两位读者。多伊尔先生思考得更加深远：更多的汽车需要更大的停车场，更大的停车场决定了超市必须位于地皮更加便宜的城市郊区，离城市较远意味着每次购物的路途更加遥远，所以人们更倾向于每次多买点东西以减少购买的次数，进而需要更大的购物车。

但"最佳来信奖"应该颁发给读者凯文·普斯特怀特先生，他在信中列举了11项理论，包括：（1）防偷论：大的购物车又重又结实，不容易被偷，所以超市更乐意采用大的购物车；（2）过度浪费论：由于现代人比以前更富裕了，浪费也更加严重，所以需要购买更多的商品，进而需要更大的购物车；（3）替换论：同样是由于人们变得更加富裕了，原来不用买的东西现在都开始买了，比如用苏打水和果汁代替自来水，用一次性纸尿裤代替可以重复使用的尿布，所以买的东西更多了；（4）技术进步论：扫描仪技术的进步使超市购物更加便捷；（5）托儿所论：原来人们都是自己照顾孩子，所以逛超市时需要推多辆购物车，购物车小一点也没关系，现在孩子都在托儿所，"孤单"的大人只需要一辆大的购物车就够了。

苏珊·普罗文的理论认为，人们需要更大的购物车是因为人们需要带的孩子更多了；而凯文·普斯特怀特的理论则认为，人们需要更大的购物车是因为人们需要带的孩子更少了。二者正好完全相反！

所有这些理论都有可能正确，但我要指出的是，就我所知的很多理论实际上是错误的。请记住，我们需要解释的是为什么购物车变得"越来越大"，而不是购物车是"大的"。所有关于大购物车优点的理论，包括有更多的空间可以放购物者的手提袋，有更大的空间可以放孩子，有更大的空间可以放商品等，都站不住脚，除非他们能够解释为什么现在这些多出来的空间比在1970年具有更大的价值。

学会识别错误理论同样是一项有价值的本领，这也是很难得的。让我们看看不懂装懂的人，是如何对汽油价格大放厥词、胡言乱语的吧！

每当油价大幅、高速上涨时，无处不在的经济学文盲就开始快速寻找石油公司之间相互勾结或利用垄断权的证据。事实上，价格的大幅上涨正是石油公司之间不存在勾结和垄断的证据。因为勾结者和垄断者不需要等到需求和供给发生变化时才提高价格，他们随时都可以提高价格以压榨我们。确实，需求和供给的变化可以给他们提供更大的回旋余地，所以价格一直在波动，但这种波动的幅度相对很小。

MORE SEX IS SAFER SEX
反常识经济学4：
性越多越安全

垄断行业的消费者一般对价格都很敏感，因为，如果他们不敏感的话，垄断者会一直提高价格，直到他们对价格变得敏感。因此，即便市场环境发生变化，垄断者也很难实现大幅度的提价。所以，大幅的价格波动是市场竞争的表现（顺便说一下，这些都是标准教科书的内容）。

下次，再有人告诉你只有垄断可以解释夏天的天然气价格高，记得反问他，为什么天然气的价格在整个冬天都很低。正确的答案是，这都是竞争导致的结果。

人们之所以犯这样的错误是因为混淆了两个概念，即"高价格"和"提高价格"，就像拉尔夫·纳德和我的一些学生将"大购物车"和"造更大的购物车"混淆一样。我已经让我的学生对购物车的问题进行了深入思考，所以在垄断价格的问题上就没有再犯类似错误。

不仅仅是购物车变得越来越大，连推购物车的人也变得越来越"大"（因为人们变得越来越胖）。

以佐治亚州为例。佐治亚州被称为玉米面包之乡、烤肉之乡和桃子馅饼之乡，这里聚集了大量的胖子，准确地说，全州21.1%的人口都是胖子。十年前，这里的玉米面包、烤肉和桃子馅饼与现在的一样美味，但只有9.5%的人口肥胖，是什么发生了改变（导致了这一结果）？

无论发生改变的是什么，它的改变确实影响重大，它使所有的地方都发生了改变。肥胖人群的比例在各个年龄段、各个种族中不分性别地显著增长，在美国的所有州都是这样。肥胖人口最多的地区还是集中在美国的南部，大约五分之四的"胖子州"分布在梅森－迪克森线（美国宾夕法尼亚州与马里兰州之间的分界线）以南地区。但近年来，波澜壮阔的体重增长潮流在全国范围内开始蔓延，从佐治亚州开始，紧随其后的是新墨西哥州、弗吉尼亚州、加利福尼亚州和佛蒙特州。1991年时，全国的肥胖人口比例仅占12%多一点，8年之后的1999年，这一比例已经增长到了20%左右。

一个检测自己是否赶上这一潮流（是否肥胖）的简单方法是，用自己身高的英寸数，求平方，得到一个数字，如果你的体重超过这一数字的4.25%的话你就是肥胖；如果你的体重只超过了这一数字的3.5%，算是超重，从现在开始要注意减肥了。

那么，在过去的10年中或更长的一段时间里，到底是什么发生了变化？麦当劳快餐分量的变化是其中一个。20世纪70年代，麦当劳提供炸薯条的分量，现在只能称为小份；后来，它们又提供了大份的炸薯条，现在看来也只能算是中份，因为有了更大份的炸薯条在销售。如果你觉得这还不够大，不用勉强，最近已经有超大份的炸薯条在火爆销售之中。

那么，因此就能得出结论，我们变得越来越胖是因为食物的分量变得越来越大吗？其实并不是！事实远没有那么简单。食物的分量变得越来越大，并不意味着我们每个人吃得越来越多。当食物的分量比较小的时候，我们可以买两份，并把它们全部吃光；现在食物的分量虽然变大了，我们也可能买个"超大份"，然后全家人一起吃。到底是怎么回事？我们确实还不太清楚！

即便可以确定，现在的人确实比以前吃得多了，那也还存在另一个类似于"先有鸡还是先有蛋"的问题，即：是肥胖造成人们吃得越来越多，还是吃得越来越多造成了人们的肥胖。是麦当劳的决策者一时心血来潮决定要把顾客们"养胖"，还是他们的市场研究员发现，变胖的顾客希望食物的分量变得更大些？让我押宝的话我会押后者！毕竟，基本可以确定，现在的麦当劳与20世纪70年代的麦当劳相比，保持了一如既往的贪婪，如果那时候我们（顾客）想要超大份炸薯条的话，他们也是一定会提供的。（但那时候并没有，说明那时候我们的顾客不需要超大份的薯条，而现在的顾客需要超大份的薯条，即肥胖是现代人"主动"选择的结果。）这意味着我们仍没有搞清楚，为什么现代人比过去的人更愿意"选择"肥胖。

让我们看看还有什么发生了改变？10年前，我们想看报纸必须走到街角的报摊才能买到，至少也得走到自家的邮筒旁（如果你订阅报刊并包邮到家的话）；现在，你足不出户，坐在自己的办公桌前，就可以浏览世界上所有的主流报刊，就可以与远方的朋友聊天，就可以买到一半你需要的商品……你们走路、运动的次数越来越少了。这意味着我们的肥胖是因为比尔·盖茨吗？

但事实与此完全相反，肥胖率比较高的州，计算机保有率反而都比较低，尤其是在不考虑居民的收入影响时。肥胖率增长最快的州往往是计算机保有率增长最慢的州。所以，证据方面不支持将计算机妖魔化的理论。恰恰相反，计算机在促进我们保持苗条身材方面似乎还有积极作用，这可能是因为计算机太有魅力，我们在使用它的时候都能忘记吃饭；也可能是因为计算机系统的每一次崩溃，造成我们内心世界无法宣泄的怒火会将大量卡路里燃烧干净。

吸烟是否与肥胖相关呢？与以前相比，抽烟的人越来越少了，很多人都在戒烟，或许这就是人们变得越来越胖的原因？但统计数据并不支持这一论断。在整个19世纪，确实有25个吸烟人口数量下降的州肥胖率上升了55%，但在吸烟人口数量上升的25个州中，肥胖率上升得更多，达到了59%。在全国范围内，吸烟人口数量下降最快的明尼苏达州，肥胖率增长的排名只排在全美第38位；新增吸烟人口数最多的新墨西哥州，肥胖增长率却排在全国第二位。

还有什么发生了变化？收入。收入这些年来已经实现增长，但收入对肥胖的影响是双向的：一方面，我们变得更加富裕，可以购买更多食物，所以可能变胖；另一方面，我们变得更加富裕，可以购买更高质量的食物（美味且脂肪含量低的食物），获得更好的医疗保障，从而可以保持更好的身材。两相抵消，所以在收入变化与肥胖率的变化之间，不存在显著的统计相关性（无论哪一个方向都不存在相关性）。

还有什么发生了变化？20世纪90年代的早期，发生了什么可以引发肥胖大面积"流行"的事件？是拉什·林堡[①]使肥胖成为一种时尚？还是《美国残疾人法案》减少了胖子在劳动力市场的障碍？

看看这种分析有没有道理：90年代的人们不仅经历了拉什·林堡的横空出世，还经历了诸如普拉固和立普妥等具有神奇效果的药物的研发成功，这些药物不仅可以有效降低人体胆固醇的含量，而且可以延长人们的预期寿命。有了这些神奇药物，谁还需要（克制自己）保持纤瘦（以提高健康指数）啊？当然，肥胖还是不利于人们健康的，但对人们健康的危害程度与以往相

---

① 拉什·林堡是美国一位知名的胖子、脱口秀主持人。——译者注

比已经下降了很多。由于肥胖的"价格"（以对健康的威胁程度来衡量）已经下降，所以"理性"的消费者就会增加对它的"消费"。

随着人类基因组计划的成功实施，医疗方面更大的进步会不断横空出世，这会使肥胖的"价格"（对健康的危害）进一步下降。当前，心宽体胖的人越来越多，可能什么也说明不了，唯一能说明的就是，人类的理性预期告诉我们，未来在治疗心脏疾病方面，我们将取得更大的进步！

如果你觉得上述分析没有道理，再来看这一个：我们生活在一个充满低脂肪食物的时代，在食物所含卡路里更少的情况下，吃更多的食物也是合情合理的。所以，低脂肪食物对人们体重方面的净效应既可能是正向的，也可能是负向的。

如果晚上加餐一份本杰瑞冰激凌会使人们增重10磅，多数人会觉得不值得，因而也就不去吃；但如果加餐一份低脂肪冰激凌只会使人们的体重增加5磅，那么就会有很多人觉得这笔"交易"是可以接受的，就会去吃。所以，当低脂肪冰激凌上市后，部分完美的理性人会因为开始晚上加餐而变胖；另一部分同样理性的人会因为开始改吃低脂肪食物而变得相对瘦。所以，在整体上，低脂肪食物既可能造成人们体重的增加，也可能造成人们体重的下降。

当然，这只是我的一家之言。肥胖的流行这一社会现象，是低脂肪食物的盛行和对医疗技术不断进步的预期共同影响造成的结果。我不敢保证这一结论一定正确，但可以确定这比将所有的错都推给麦当劳更合情合理！

下面讲一个"奇怪"的现象：在工业化国家中，失业率与房屋自有率如影随形，房屋自有率高的国家失业率也高，反之亦然。

在瑞士，大约有1/4的居民拥有自己的房子，失业率只有2.9%；在西班牙，通常情况下房屋自有率都在75%左右，失业率也飙升到18.1%；在葡萄牙，房屋自有率水平处在瑞士和西班牙之间，失业率水平也处在二者之间，大约为4.1%。

无论是在国家之间（比如西班牙和瑞士），还是在小点儿的地区之间（如东安格利亚和约克郡、艾奥瓦州和内华达州）进行比较，都会出现相同的情况；无论是截取某一个时点的数据进行分析，还是对数十年的数据进行趋势分析，同样的情况依然会出现。

一般情况下，房屋自有率每上升10%，会造成失业率平均上升2%，这一结论可以用于解释全球绝大部分的失业情况。

华威大学的安德鲁·奥斯瓦尔德教授是第一个注意到这一现象的经济学家，他认为，自有房屋会在地理区域上形成对房屋所有权人的限制，从而造成所有权人失业。有房子的待业者会在自己房子的通勤范围内（即房子的附近区域）寻找工作，目标数量有限；而租房住的待业者会在工作地点的附近租房住，从而更有可能找到工作。

这一理论可以经得起考验，因为依据它可以推断出有房子的人要是失业的话，失业时间都比较长（找工作时受地理限制比较大）；也可以推断出，他们失业的频率比较低，因为一旦找到工作，出于各方面的考虑，他们辞职的可能性更小。事实上，奥斯瓦尔德教授的理论至少可以通过这个测试的一个版本：统计数据显示，随着近几十年来人们住房自有率的不断提高，人们失业的时间长度在增加，但失业的频率几乎没有改变。

也有可能将失业率与住房自有率之间的因果关系弄反了。或许是失业率的增加引起住房自有率的提高，而不是住房自有率的提高引起失业率的增加。马克·比尔斯，我的同事之一，以说话耿直和不留情面著称，认为如果人们失去工作，待在家里的时间就会增加，所以更倾向于买一座漂亮的大房子，这种说法的可信度遭到质疑。更可信的说法是，如果一个区域的工作机会已经枯竭，租房住的人们就会选择离开，只有迁移成本更高的自有住房者会选择留下。硬币的另一面是，经济发展形势较好的地区往往能够吸引更多的新来者，他们往往更乐于短时间内租房子住，而不是花大价钱买一套房子。

或者，房屋自有与失业之间的关系就像蛋蜜乳与槲寄生，它们都会在圣诞节期间出现，但很难说谁是因谁是果。那么，导致二者产生的背后的因素是什么？最明显的可能因素是年龄和财富，只有年龄和财富才能让房屋自有和失业在家这对奇怪的兄弟同时出现，年轻人和穷人肯定做不到这两点，他们会更努力地寻找工作。

我的一位可以称得上"愤世嫉俗"的同事——艾伦·施托克曼，将这一切都归咎于政府，认为这是监管环境造成的。他指出，监管部门的不当作为以及粗暴执法，会造成房屋租赁市场和劳动力市场的同时紊乱。以纽约市的房屋租赁市场为例，房租价格高得离谱，主要原因是该市的房地产法律对租赁市场的不当干预，造成无法将市场上的不良租房者驱逐出市场，因而房东们不愿意将房子出租给陌生人（从而造成租赁市场的供给不足，价格上升）；同时，劳工法也严格限制公司开除员工（即便是开除不合格员工），所以老板们雇用新人时会更加谨慎。

也有可能是数据本身出了问题。我们在收集这些数据时可能存在某种隐蔽的偏见。比如在统计失业率的数据时，非常容易忽略暂时性的失业，但统计住房自有率的数据时，基本不可能忽略掉任何一个房屋所有权人。

第 9 章 让数据说话

假如奥斯瓦尔德教授是正确的，如他所言，全球绝大多数的失业都是由房屋自有造成的，那么，谁又来关注几乎所有西方政府都在补贴房屋所有权人的事实？

这里不是要证明拥有自己的房屋是一件可耻的事情，而是说，失业可能是实现住房稳定的"小代价"之一，尤其是将孩子牵涉进来之后。

假如在你上学期间（6~15 岁）搬过家，你高中顺利毕业的可能性就会降低 16%，你在 24 岁时（既不上学也不工作）还不能实现"经济活跃"的可能性就会上升 10%；如果你是一个女孩，不未婚先孕、顺利度过青春期的可能性就会下降 6%。

再强调一次，为什么会这样？我们依然不清楚！将这些统计数据公之于众的社会学家罗伯特·哈夫曼和芭芭拉·沃尔夫发现，即便将收入、种族、宗教信仰、家庭规模、健康状况以及母亲工作与否等因素排除在外，上述结果依然成立。所以，我们很难用一个简单的理论，诸如"搬家往往导致贫困，贫困家庭的小孩往往更容易失败"等，将上述一切解释清楚。冰冻三尺非一日之寒，从踏出第一步到导致那样的一个坏结果也是一个漫长的过程，而我们对这一过程还知之甚少。事实到底是怎么样的，还需要我们继续探索！

我不清楚为什么搬家的孩子在学校里表现如此之差，不清楚

MORE SEX IS SAFER SEX
反常识经济学4：
性越多越安全

为什么自有房屋者如此"乐于"失业，不清楚为什么我们变得越来越胖，也不清楚为什么购物车变得越来越大。将原因从效果中分离出来并不容易，但在接下来的几章中我将向大家展示，不容易并不代表不可能！

第 10 章　不！是个女孩！

如果想维系一段婚姻，"是个女孩"可能是我们能听到的最"不祥"的四个字。全世界范围内普遍存在一个现象，生男孩可以有效维系婚姻关系，而生女孩可能导致婚姻关系的最终破裂。

在美国，有一个女儿的家庭比有一个儿子的家庭离婚的概率高 5%。女儿越多，这种效应越明显：有三个女儿的家庭比有三个儿子的家庭离婚的概率高 10%。在墨西哥和哥伦比亚，这一"鸿沟"更大；在肯尼亚，这一"鸿沟"更加大；在越南，这一"鸿沟"简直可以称为巨大：有一个女孩的家庭比有一个男孩的家庭离婚的概率高 25%。

经济学家戈登·达尔和恩里科·莫雷蒂，从超过 300 万份的人口普查资料中收集到这些数据。数据之间当然可能具有双向的相关性，不一定都是简单的因果关系，但在这个案例中，也许就是简单的因果关系。原因如下：

将300万人依据投掷硬币的结果随机分为两组。这样区分的两组样本就具有统计学意义上的相似性：相同的平均收入水平，相同的平均智力水平，相同的平均身高，我们将之称为"大数定理"。大数定理的成立需要两个假设条件：一是样本量足够大，二是随机选取样本。

再将这300万人重新分一次组，这一次分组的依据是他们最小孩子的性别。相同的结果就会出现：男孩的父母和女孩的父母具有了统计学意义上的相似性，因为大数定理成立的两个条件都具备，样本量足够大（300万），孩子的性别是随机的。这两组家庭具有相同的平均经济压力、相同的平均情感距离、相同的平均出轨发生率。这样，唯一能解释两组家庭离婚率差异的因素就只剩下孩子的性别。

与硬币抛掷的结果不同，男女的性别比例并不是精确的5∶5，实际上，生男孩的比例约为51%，生女孩的比例约为49%，但这并不影响结果。这只是意味着我们分的两个"大样本"中，一个样本比另一个样本稍大一点，并不会改变两个样本组在统计学意义上的相似性。

第10章 不！是个女孩！

由上可以看出，在这个案例中，两个变量（孩子性别与离婚率）之间的相关性就是简单的因果关系，除非孩子的性别不是随机的。但是，为什么是这样的结果？为什么婚姻不幸的家庭生女孩的比例如此之高？或许存在第三个因素可以同时影响婚姻的幸福指数和孩子的性别，那么，这个所谓的"第三因素"到底是什么？

社会地位可能是其中的一个候选项。美国的历任总统中，生儿子的比例约为生女儿比例的1.5倍（95∶63）。更引人瞩目的是，收录在《名人录》中的名人，生儿子的比例比生女儿的比例高15%。由于《名人录》中名人的数量要比美国总统的数量多得多，所以相应的样本量也大得多（为了获得最新的统计数据，我引用了生物学家罗宾·贝克在他的著作《精子战争》中的观点）。

为什么社会地位高的父母更倾向于生儿子？大概是因为地位高的父母生儿子将来可以拥有更多的孙子、孙女（在贝克先生的著作中，有一个摩洛哥的皇帝居然拥有888个孩子），而生女儿只能"获得"平均数量的后代。另一方面，地位低的男孩无子死亡率（没有来得及生养孩子就去世了）要比地位低的女孩无子死亡率高得多 [所以，男孩和女孩具有相同的生育率——必须是这样，因为生育每一个孩子都需要一个妈妈和一个爸爸，即一个男孩和一个女孩，但女孩的数量更倾向于中间值，即平均水平，而男孩的数量则倾向于两个极端，要么特别多（父母地位高），要么特别少（父母地位低）]。

所以，如果想拥有更多的后代（不管你想不想，你的基因是"想"的——生物的本能），处在社会顶端的人会选择生儿子，处在社会底层的人会选择生女儿。

现在的问题是，是什么机制导致了这一结果？其中的一个观点来自生物学家，这一观点也得到了经济学家的认同，观点是这样的：母亲在怀孕时，身体会"自动考虑"两方面的因素来决定给予胚胎多少滋养，这两个因素是父母的社会地位以及孩子的性别，社会地位高的母亲的身体会给予男胚胎更多的滋养，社会地位低的母亲的身体会给予女胚胎更多的滋养，得到更多滋养的胚胎更容易战胜其他胚胎获得"出生权"。

滋养胚胎这样一个自然而然的过程可以与人们的社会地位这样一个意识信息相互响应吗？当然可以！这种本能与意识的互动每时每刻都在发生。意识到有老虎接近，会激发人体恐惧出汗的本能，就是一个典型的例子。更重要的是，关于给予胚胎多少滋养的问题是怀孕女性身体需要面对的最重要的经济学问题之一，有什么理由可以让她在做如此重要的决策时，忽视与之高度相关的信息呢？

分析至此，我们为"社会地位高的父母生养更多儿子"的观点既找到了一定的数据证据支撑，又找到了貌似合理的解释论述说明，可以暂时告一段落了。如果社会地位高的父母也更倾向于维持婚姻关系，那么，或许我们可以为前述的离婚数据找到新的解释。

"压力"可能是"第三因素"的另一个候选项。生物学研究表明，在很多动物种群中存在受到压力的个体生产雌性后代的可能性更高的现象。有证据表明，这一结论也适用于人类。在德国东部地区，由于政治制度的剧变，以及向市场经济转变的阵痛，整个社会进入长达数年的创伤期，这一时期失业率达到历史顶点，同样达到历史顶点的还有女婴出生率（在大萧条期间却没有类似的性别比例变化）。如果压力既可能导致婚姻关系破裂，又可能造成女婴出生率的提高，那么，生女孩就不是导致父母离婚的原因了。

上述的"压力理论""社会地位理论"等所有人们可以编造出来的类似理论，存在一个共性问题，就是"算术上的不可信"。为了解释生女儿与离婚这样一对简单变量之间的相关性，学者们都需要针对压力的效应构建一组极端的假设条件。

举个例子：假设有一半父母处在压力之中，另一半没有，处在压力之中的父母生女儿的概率为55%，离婚的概率为50%，未处在压力之中的父母生女儿的概率为45%，离婚的概率为25%。这已经是很显著的相关性了，尤其是男女比例，已经超出很多人可以接受的范围了。即便如此，在如此严苛的假设条件之下，得出的结论也只是,生男孩的父母离婚率为36.25%,生女孩的父母离婚率为38.75%,差别并不大。所以说,"压力理论"并不十分合情合理。

本部分内容主要论述的观点是:当我们决定将某些变量的相关关系归因于其他某个神秘或不神秘的第三因素时,最好先拿出一个信封,并翻过来,记下一些重要的数字。如果为了得出自己想要的结论必须构造一组荒谬的数字的话,我们或许应该考虑换一个思路来解决这个问题。

如果关于压力和社会地位的分析都无法解释离婚的统计数据的话,那么,我们就又回到了问题的起点:或许,生女儿确实可能导致父母离婚。当我在《石板》杂志上发表这一观点时,收到大量读者来信,从信中我可以看出他们的困惑,他们认为所有的证据都是无效的,他们无法接受孩子的性别与离婚与否的决定具有相关性。我最"欣赏"的一封来信出自一位艾奥瓦州的治疗师之手,直接公开这位治疗师的名讳不太合适,所以这里以"蠢萌治疗师"代替,她向我推销一个老掉牙的观点:孩子与父母离婚确实有关系。她对最新研究成果了解的匮乏,让我感觉她好像不是生活在艾奥瓦州,而是生活在艾奥瓦星球——一个离太阳系很远的星球。仅凭这一点,她就可以赢得人类历史上"最不重要治

第 10 章 不！是个女孩！

疗师"之奖。

孩子当然影响父母的离婚决定，影响的程度虽然不高，但不容忽视。父母在考虑是否离婚时，如果孩子是女孩确实比孩子是男孩更容易导致父母离婚。接下来的问题就是，为什么会这样？

离婚后孩子一般跟妈妈一起生活，所以上述问题就转化为：为什么父亲愿意为了儿子忍受一段不幸的婚姻，却不愿为女儿忍受不幸的婚姻？或者换种说法：为什么母亲愿意忍受一段不幸的婚姻以使儿子有个爸爸，却不愿为了女儿有爸爸而忍受不幸的婚姻？是父亲们都更喜欢儿子？是父母考虑到儿子都需要一个男性作为自己的偶像？还是他们都认为儿子无法很好地处理父母离婚带来的情感创伤？还是他们觉得情感崩溃的儿子比情感崩溃的女儿更可怜？

达尔和莫雷蒂认为，儿子有助于婚姻存续下去是因为：比起女儿，父母更喜欢儿子。这当然就会引发另一个问题：父母确实更喜欢儿子吗？在中国，我们当然都知道答案是肯定的。那么在美国呢？

达尔和莫雷蒂的第一份证据是：带着女儿生活的离异女性比带着儿子生活的离异女性更难再次进入婚姻殿堂。女儿不仅会降低再婚的概率，而且可以降低复婚的概率。很明显，在再婚市场中女儿是一项"负债"，不受市场追捧，潜在的丈夫们更希望有个继子而不是继女。

也有另外一种可能。之所以会出现上述情况是因为：母亲不希望女儿与继父生活在一起，因为有太多"禽兽继父"了。所以，由于再婚相关的数据不具有明显的指向性，我不能确定这些数据可以说明什么？

但达尔和莫雷蒂还有更有力的证据，这一证据以"奉子成婚"的婚姻关系为基础：以一对典型的未婚先孕的恋人为例，假设他们可以去照超声波，目的无非是鉴定宝贝的性别。数据显示，如果怀的是个男孩的话，两人结婚的可能性更高。显然，对于未婚爸爸来说，与老婆、儿子一起生活的设想比与老婆、女儿一起生活的设想更诱人！

最后，达尔和莫雷蒂还注意到，头胎是女儿的父母比头胎是儿子的父母要二胎的积极性更高，这意味着更多的父母喜欢儿子胜过女儿。

这种效应在美国很强烈，在世界上的其他地方更强烈。在美国、哥伦比亚和肯尼亚，前三胎都是女儿的父母比前三胎都是儿子的父母要第四胎的比率高4%；在墨西哥，这一比率为9%；在越南，这一比率为18%。

虽然他们没有提到，但还有一项证据可以支持主张父母偏爱男孩的"达尔－莫雷蒂"假说：几乎所有的收养机构都一致报

第 10 章 不！是个女孩！

告：对女孩的需求更高。在一个父母偏爱儿子的社会中，这是我们预期可以看到的。在这样的社会中，只有有缺陷的男孩才会被父母抛弃，然后进入收养机构等待被收养，而女孩，可能仅仅因为是女孩，就会被亲生父母抛弃，沦为被收养的命运。所以，如果希望收养一个健康、聪明的孩子的话，我一定会选择女孩，因为：可以预计，在等待被收养的孩子中，女孩平均要比男孩更聪明、更健康。即便我也是喜欢男孩胜过女孩，但我还是会选择收养女孩而不是男孩，因为在性别之间，我更在意的是孩子是否健康、是否聪明！

那么，答案到底是什么？达尔和莫雷蒂很快发现自己陷入了无限循环之中：只要足够聪明，可以编造任意的理由用于解释观测到的所有现象。但他们坚持认为，能够解释他们数据的最自然的答案就是：一般来说，父母偏爱儿子胜过女儿！

当我就这一问题在《石板》杂志上发表文章时，很多读者对我的观点表示怀疑，他们不相信父母偏爱男孩。有的读者提供了离婚数据的其他解释方法，很多解释都基于进化生物学的研究成果。在这些读者来信中，最具创造性的来信出自托德·彼得斯之手，他的观点如下：缺少自尊的男孩一般会变得孤僻，对异性缺少吸引力；缺少自尊的女孩会变得随便，甚至滥交，对异性反而具有一定吸引力。如果你想拥有尽可能多的后代的话，就应该提高男孩的自尊心，降低女孩的自尊心。

好吧，这个观点很牵强，再讲一个好点的：父母们应该都承认，养儿子比养女儿更费钱，儿子们需要更多的遗产。既可能是因为财富可以给儿子们在婚恋方面带来竞争优势，也可能是因为儿子们创业需要很多钱。如果父母都是这么想的，那么，有儿子的父母会比有女儿的父母更努力地存钱，特别是，会避免离婚，因为离婚"很贵"。

这个理论不仅可以很好地解释关于离婚的数据资料，而且可以解释为什么男孩的父母会少生孩子，因为多一个孩子，多一个人分遗产。

所以，虽然达尔和莫雷蒂认为有男孩的家庭通过改善婚姻的质量，有利于维护婚姻的稳定，但刚介绍的理论却认为，有男孩的家庭是通过增加婚姻的痛苦，从而达到维护婚姻稳定的效果的。无论哪个理论正确，男孩确实都有利于维护婚姻稳定。在达尔和莫雷蒂的理论中，生男孩是对婚姻的一个祝福，但在上述的"继承理论"中，生男孩简直就是诅咒，至少也是威胁，尤其当婚姻开始崩塌时，威胁就真的变成诅咒了。按照这一理论，本章的标题就不太合适了，应该变为"哦不！是男孩！"

第 11 章　母爱无价

英国小说家约瑟夫·康拉德曾说:"成为一个女人是一次艰难的修炼,这项修炼的主要内容就是与男人打交道。"其实这项修炼还包括,勇敢面对家庭与事业的艰难权衡。弗吉尼亚大学的年轻经济学家阿玛丽娅·米勒,针对女性面临的这种权衡进行了卓有成效的研究。

平均而言,女性如果推迟一年生育第一胎宝宝,她一生的总收入将上升10%。部分是因为推迟生育会增加女性在剩余工作年限中的工资收入,大概为3%;部分是因为可以延长女性的工作时间。对于接受过大学教育的女性而言,这一增长效应比10%还要高些,对于职场女性来说,这一增长效应还要高更多。

MORE SEX IS SAFER SEX
反常识经济学4：
性越多越安全

所以，如果一位母亲是在24岁而不是25岁时有了大宝，这位母亲就要因此而放弃10%的终身收入。这一收入的降低包括两方面：首先是收入的立即降低，随后是长期收入增速的放缓，直到这位母亲退休。同样是34岁的母亲，10岁孩子的母亲（24岁时生的宝宝），与9岁孩子的母亲（25岁时生的宝宝）相比，只能在更低的基本工资的基础上，获得更低的工资增长率。令人吃惊的是，《家庭医疗休假法》的通过并没有使这一现象有所改观。

米勒教授是怎样知道所有这一切的？要知道，比较不同年龄生育女性的平均工资并不容易。一个24岁当妈的女性与一个25岁当妈的女性可能是两种完全不同的人，而这种不同会对二者未来的收入产生重要影响。或许24岁当妈的女性收入小于25岁当妈的女性的原因是因为缺少进取心，或许24岁就当妈的女性之所以这么早地开始自己的家庭生活，就是因为早已看到自己在职场方面不会有大的发展。

所以，米勒教授确实做了件了不起的事情，他的做法很有智慧，具体如下：相较于随机选取两组24岁当妈的女性和25岁当妈的女性作为样本进行比较，米勒教授选取样本的方法更具技巧性，他选取24岁当妈的女性作为一组样本，选取25岁当妈但在24岁时流过产的女性作为另一组样本，这样选取样本的方法更有效率。因为这样的两组女性（24岁时）在怀孕方面都做出过相同的选择，但之后，一部分女性选择通过手术推迟大宝到来的时间（即25岁才当妈的那部分女性），另一部分没有。这样的对比很公平，通过分析这两组女性之后一生的收入情况，就可以得到我们需要的结论，而这一分析结果证实了上文所述的收入上升10%的结论。

但这种样本对比仍不够完美。流产和低工资可能由相同的原因造成，比如健康状况较差。针对这一观点，米勒教授回应了两点：第一，指出绝大多数的流产与健康状况无关；第二，承认这一观点有一定道理。

为了证明自己的观点正确，米勒教授接着进行了一项效果相当的对照实验。选取25岁当妈的女性作为一组样本，选取24岁当妈但实际已采用避孕措施的女性作为另一组样本，这样选取的两组女性在24岁时都不想怀孕，但部分女性由于偶然因素怀孕当妈。对这样两组女性之后一生收入的情况进行分析，可以作为上面实验的参照。

同样道理，这样的实验也不够完美。采取避孕措施的情况下依然怀孕，可能意味着这些女性粗心大意，而粗心大意不利于人们在职场中获得成功。所以我们需要再进行一组对照实验，这次我们依然选取两组女性作为样本，她们的共同点是都打算在23岁之后"努力"生孩子，不同点是有的成功地在24岁时生下大宝，有的则在 25 岁时生下大宝。在生下大宝的时间差异是由随机因素造成的情况下（至少不是由可以影响工资收入的因素造成即可），我们就可以将上述干扰因素排除。

上述"流产实验""避孕实验""努力怀孕实验"都不完美，但它们的结论一致。三个不完美的实验相加也得不到一个完美的实验，但当它们同时指向同一个答案时，我们是不是可以多几分自信相信这一答案的正确性？如果这一假设成立，结论就很清晰了："早当妈"与低工资之间不是相互影响的相关性关系，而是单向的因果关系，"早当妈"是因，低工资是果。这就是优秀的实证经济学的厉害所在，利用创造性的、考虑周全的方法，找到相关关系（双向的）与因果关系（单向的）的区别所在。

每当我在杂志专栏中发表关于实证主题的文章时，都会有读者寄来善意的信件，提醒我相关关系与因果关系不同。相信我，每个经济学家都知道这一点。提醒经济学家具有相关关系并不意味着具有因果关系，就像提醒化学家做实验时前要保持试管清洁一样，略显多余！每一位合格的经济学家都需要经常处理相关关系与因果关系之类的问题，就像每一位合格的化学家都需要在实验之前保证试管清洁一样。米勒教授就是这样一位优秀的经济学家，他的这一点做得尤其突出！

MORE SEX IS SAFER SEX
第四部分

重大问题

在生活中，如何判断对错，如何辨别真伪？当生命即将走到尽头，何时选择继续挽救，何时选择放手？如何才能最有效率地发展慈善事业？怎样才能高效地帮助穷人？对于节食者来说，是人类本性中的什么导致他们坚定地锁上自家冰箱的门？

在剩下的章节里，我想让大家相信，经济学推理可以为这些问题的解答提供很多帮助，即便有时候经济学家也很难给大家一个明确的答案。

第 12 章　捐出你的一切

摩西·迈蒙尼德，是中世纪时期最著名的犹太人哲学家。他以坚持匿名慈善著称，他认为，不让捐献者知晓谁是最终受赠者，慈善才更有价值。就像很多中世纪的想法一样，迈蒙尼德的分析也很让我吃惊，我简直忍不住要说，"这真是一种……愚蠢"。不让捐献者知晓谁是最终受赠者，受赠者可能是比尔·盖茨，也可能是萨达姆·侯赛因，也可能是其他的任何人。但我还是希望我捐出去的钱用于给饥肠辘辘的孩子购买食品，所以，请告诉我，我捐的钱给谁用了，谢谢！

随心所欲的善举当然很好，但"导演"的善举更好！当我"善心大发"，想要"积极"投身于慈善事业时，当然希望我的钱捐给更有价值的人使用,而不是随便送给大街上的路人甲,虽然我可能只捐了10元钱。

举个例子,CARE(美国援外合作署)就是一个值得捐赠的对象。CARE是一个致力于在全球范围内消灭饥饿的高尚组织,它需要你的支持!美国癌症协会也是一个值得捐赠的对象,它致力于与疾病做斗争,它也需要你的支持!两个组织都需要支持,但我的建议是:如果你希望你的善举更有价值,就不要同时支持两个组织。

任何慈善活动都需要一个明确的唯一的道德判断。当我们向CARE捐款100美元时,意味着我们认为捐给CARE比捐给癌症协会更有价值。如果捐献第一个100美元时,这是我们的"诚实判断"的话,那么,捐献第二个100美元时,这仍应该是我们的"诚实判断"。明天向癌症协会捐的100美元,意味着承认今天向CARE捐的100美元是错误的。

在考虑这些问题之前,请稍等一下,我们需要先考虑以下问题。如果我们无法判断哪个选择更优怎么办?如果我们能确定两个组织都很高尚,但无法确定哪个更高尚怎么办?如果我们不知道哪个组织能够更好地运用我们的捐款,或者,我们不觉得自己有能力判断癌症患者和饥饿儿童哪个应该优先得到帮助怎么办?对于捐赠者可能面临的这些困惑我深表同情,但这并不有助于捐

第 12 章 捐出你的一切

赠者走出困境。我们对 CARE 的捐赠行动表明，以我们能掌握的信息（可能是不完整的），能做出的最正确的判断（可能是有缺陷的）就是：资助 CARE 比资助癌症协会更有价值。当然，我们的猜测可能是错的，但这仍然是我们最优的猜测。如果这是我们今天的最优猜测的话，这也应该是我们明天的最优猜测。

好了，下一组问题。如果我们连最佳的猜测都无法做出怎么办？或者说，以我们有限的判断能力来看，CARE 与癌症协会同样完美无瑕，实在分不出哪个更好怎么办？这个时候，我的建议是扔一个硬币，让"天"来决定哪个更优，然后将所有的捐款都给这一家组织。因为，当两个选项同样优秀的情况下，无论把善款捐给谁都是一样的，把 200 美元捐给同一家组织，与给每一家组织各捐 100 美元也是一样，但这样可以节省我们一张明信片（译者注：国外捐赠是通过寄明信片的方式完成的）。

我很欣赏这一见解，因为它简单、令人惊奇、具有深刻的道德寓意，但又让多数人觉得是"忽悠"。这一结论似乎要挑战人们所有的常识，因为，我们通常不会把所有的空余时间都用于陪伴一个朋友，也不会把所有的娱乐时间都放在一个爱好上面，更不会把所有的投资用于购买一只股票。在牛排和炸鸡之间，如果今天选择了牛排，从明天开始就不能再选择炸鸡，这听上去太疯狂了！那么，慈善捐款又有何不同？为什么就应该这样？

我们来思考下，人们为什么会比较乐意与不同的朋友度过休闲时光？假设，我特别期待与乔的单独相处，但单独相处之后呢？或者说一次又一次的相处之后呢？我会发现，与乔在一起对我不再那么有吸引力了，至少是暂时不再那么有吸引力。"我思念乔、渴望乔"这个问题已经得到部分解决，那么就该转向下一个问题，比如"我思念格里、渴望格里"。

这时，极度的狂热者就会大声疾呼："你背叛了自己的选择，昨天你选择与乔在一起，说明你认为与乔在一起是你最优的判断，今天又与格里在一起，就是对昨天最优判断的否定，你表里不一。"对于这样的狂热者，我已经找到完美的应对方法：对于今天来说，与乔在一起已经不像昨天那么有吸引力了，因为，我们已经待在一起一段时间了。

相同的答复可以用于回应上述"娱乐活动困境"和"投资组合困境"。将所有的娱乐时间都用于打高尔夫球是一个糟糕的选择，偶尔看看电影、划划船，或者与孩子们聊聊天会给我们带来更多的快乐。这是因为：（打）两个小时的高尔夫已经很好地解决了"渴望打高尔夫球"这个问题，是该关注下生活中其他值得注意的事情了。同样道理，买微软的股票已经很好地解决了"希望投资高科技企业"这个问题，应该多关注下其他投资目标了。

第 12 章 捐出你的一切

但慈善公益事业不同，无论我们向 CARE 捐多少钱都无法"很好地解决"饥饿儿童的问题，这个问题太大了，帮助完一个饥饿儿童之后还有另一个，他们应该得到同等的帮助。

CARE 绝非一个浪得虚名的组织，我们捐赠的每一分钱都会用于资助饥饿儿童。尽管可能还有数百个，甚至数百万的儿童在忍受饥饿，但对每一个儿童的资助都是值得的。当我们第一次考虑是否向 CARE 捐款时，我们应该思考的问题是"我能养活几个孩子"，而不是"我要放弃多少个孩子"。所以，尽可能多地向你一开始认为值得捐赠的组织捐赠才是正确的选择。当我们决策是否向某组织继续捐赠时，应该将那些尚未得到资助的孩子放在首要位置考虑，尽管他们与我们一开始决策是否向该组织捐赠时完全不相关。

在我执教的大学，有一群富有热心的年轻人建立了一个组织，鼓励人们多关注慈善事业，他们的吉祥物是萨米海星，他们的宣传页这样解释：

一个小女孩漫步在海边，沙滩上满是被暴风雨卷上岸的海星，海星密密麻麻，一眼望不到边。她每走到一个海星跟前，就会弯腰将它捡起来，然后扔向大海。

她一次又一次地重复着这个简单动作,直到一个中年男人走到她的跟前。中年男人说:"小女孩,别白费力气了,你看看这片海滩,全是冲上岸的海星,你救不完的,你改变不了什么!"

小女孩很受打击,突然就泄气了。但很快,她又开始弯下腰,捡起海星,尽自己最大力量扔向大海。她看着那个中年男人,说:"我改变不了所有海星的命运,但,我可以改变那个海星的命运!"

为这个小女孩点赞!于千万只海星之中救一只海星,与救沙滩上的唯一一只海星同样伟大!如果你觉得救一只海星是值得的,那么,救这只海星就是值得的,做你力所能及的就是最好的!

萨米的故事如此令人印象深刻,教育意义如此突出有力,让我忍不住为她写了续集:

大约一小时后,那个中年男人回来问小女孩:"你有没有注意到,在沙滩的另一边有成堆成堆的海胆,它们也是被这一场暴风雨冲上岸的。"小女孩悲伤地点点头。

中年男人说:"你整个下午都在救这些海星,没人去救那些海胆,你难道不应该稍停停,去沙滩的另一头救救那些海胆吗?那些海胆不应该被救吗?"

第12章 捐出你的一切

小女孩回答说:"应该救,但这里还有很多海星需要被救!"

再一次为小女孩点赞!她不可能分身二处,同时救海星和海胆。但她已经在海胆和海星之间做出自己的选择,尽管这一选择可能令人伤心,但却是必要的。改变她的选择不会带来任何实质意义上的变化,所以她的选择是最优的!她已经救了很多海星,她的付出和努力就值了!最重要的问题——不计其数的海星和不计其数的海胆需要被营救——仍然无法解决,这一点令人伤心!但,只要基本的问题没有改变,解决之道也就无须改变!

当然,小女孩救下整个海滩的海星之后,就应该去救那些海胆了。同样的道理也适用于在海星之间的选择,无论以怎样的标准,比如更健康、更可爱,或更容易营救,在救完最有价值的海星之后就应该救其他海星了。简言之,一旦解决了某一问题,就应该转向下一个问题。

所以,"一旦选择,从一而终"的观点不适用于规模小的慈善事业。比如说,当地的剧院需要100美元购买服装,另外还需要100美元组织一次聚会,你可能只想为购买服装捐100美元,不想为办聚会捐钱,这也是可以的。部分解决了它们的问题之后,就可以重新调整自己的选择。

同样道理，如果有10个饥饿的儿童排在我们的家门口，我们有10个汉堡包可以分给他们，没有人会将所有的10个汉堡包都给排在第一位的孩子，我们会每人发一个。每一个汉堡包都可以部分解决一个儿童的饥饿问题，解决了一个就应该转向下一个。这就是为什么鸟妈妈会平均分给每一只幼鸟食物，而不是把所有的食物都分给叫得最响的幼鸟。

但如果有一万名饥饿儿童排在你家门前，前一千名儿童得了维生素C缺乏症，另外一千名儿童得了佝偻病，还有一千名儿童得了其他疾病，等等。如果先帮助得了维生素C缺乏症的儿童，就没有理由再帮助得佝偻病的儿童了；如果得维生素C缺乏症的儿童最先让你动恻隐之心，你就应该一直帮下去，即便后来可能感觉得佝偻病的儿童也挺可怜，但这也不能成为改变资助对象的理由。

于一万个儿童之中资助一个儿童，与资助10个儿童中的一个，或者资助单独的一个儿童，同样值得赞赏！但不同点是，资助单独的一个儿童，问题就全部解决了，资助一万个儿童中的一个，问题还远远没有解决，所以也就没有合理的理由来改变资助对象。

第 12 章 捐出你的一切

人们总是忽视我的金玉良言，不断在美国心脏病协会、美国癌症协会、CARE 等组织之间更换捐赠对象，有时这种改变就发生在同一天。他们似乎在想："好了，心脏病问题已经被我完美解决了，该关注下癌症问题了。"当然，这种"伟大"的错觉很少发生，所以，人们不断地变更自己的捐赠对象肯定还有什么其他原因，这些原因可能是什么呢？

一个可能的答案是，有的人捐赠在意的是自己的感受，有的人捐赠在意的是捐赠对象。如果我们在意的是捐赠对象的话，我们会集中所有力量捐赠给最值得捐赠的人；如果我们在意的是自己的感受的话，我们会尽量多地增加捐赠对象，这样我们就可以满意地说："看，这些人都得到过我的捐赠！"

我们对 CARE 的捐赠可以部分解决"对捐赠的渴望"这一问题，但并没有解决"CARE 需要得到更多捐赠"这一问题。所以，如果我们在意的是解决自己的问题的话，就会不断更换捐赠对象；如果在意的是被捐赠组织的问题的话，我们就不应该轻易做出改变。

追求自我满意度的动机无可厚非，也不是什么邪恶的事，如果能被正确引导，也是值得赞赏的，但这与慈善就不是一回事了！为了展示自我满意动机与慈善动机的区别，为了让大家看清楚随意地改变捐赠对象与纯粹的慈善动机是两码事，让我们进行这样一项思维实验：假设某人打算向CARE捐赠100美元，就在他寄出支票之前得知，另一人已经向CARE捐了100美元，这时他（她）会不会说："既然已经有人向CARE捐钱，我就不给CARE捐了，还是捐给癌症协会吧。"我打赌不会！

既然第二个人向CARE捐的100美元不能让第一个人感觉应该捐款给癌症协会，那么为什么第一个人向CARE捐的100美元就可以让第二个人感觉应该给癌症协会捐款呢？同样的100美元为什么会有不同的效果？这不科学！除非第一个人认为自己捐的100美元比其他人捐的100美元更加重要，或者更加高效。如果我们感觉自己捐的100美元比别人捐的100美元更加高效，说明我们已经陷入"美丽的幻觉"；如果我们认为自己捐的100美元比别人捐的100美元更加重要，说明我们在不经意间已经暴露，在我们自己的内心中，自己的满足感比别人更重要，甚至比受赠者对食物的需求更重要。

关于这一部分内容相关的问题及解释：

问题一：对于风险厌恶者怎么办？假如我非常肯定在慈善组织A和慈善组织B之间，一定会有一个不能高效率地使用我的善款，但我不确定是哪一个，因此将捐赠分散开来，

第 12 章 捐出你的一切

不将所有的鸡蛋放在一个篮子里面，从而达到规避风险的目的，这样考虑有错吗？

解答：这样考虑没有错，但有前提条件：选择错误会造成灾难性后果，即"风险"真实存在。在捐赠这个情境中，这一条件通常不成立，不存在所谓真正的"风险"。因为我们每个人的捐赠，通常仅仅是整个捐赠中很小的一部分，如果所有的人都将鸡蛋放在错误的篮子里确实是个灾难，但仅仅将一个捐赠者的一部分善款放在"错误"的篮子里，远远称不上是灾难。

这个"鸡蛋—篮子"的比喻非常引人注目，在一些情境中这种分析方法还非常精确。它有时适用，比如，将所有的投资资金用于购买一只股票，这种选择风险非常大，因为可能选择了错误的股票；但有时并不适用，比如将所有的善款捐给同一家慈善组织，即便这家慈善组织不符合某些标准的最优要求，这也称不上是大错。两种情景的不同点在于：在股票投资中我们是唯一的投资者，在慈善捐赠中我们仅仅是千万捐赠者中的一个。所以，我们个人的错误在投资情景中就代表全部错误，就会带来灾难性错误，在捐赠情景中仅仅是其中的一小点错误，不会有什么大影响。

问题二：如果所有人对慈善组织的偏好都一致，都更愿意向 A 组织捐赠，按照上述建议，就应该都将各自全部的善款捐给 A 组织，这样的话，整个社会的捐赠都会流向同一家慈善组织，这难道不是灾难？

解答：不可能出现某一组织得到所有善款的情况。人们在决策向哪个组织捐款时是相互独立的，不需要考虑别人的捐款对象。一旦某一组织得到足够善款，足以实现其主要目标，大量的捐赠者就会开始关注其他的慈善组织。

换句话说，人们在评估慈善组织是否值得支持时，不仅考虑该组织的慈善目标，还关注它已经多大程度上实现了这一目标。单个的个人无法解决某一慈善组织的问题，但大量的捐赠者集合起来就可以部分解决某一慈善组织的问题，一旦这一目标实现，人们就会开始关注其他慈善组织。所以，即便每个人的选择都是单一的，但作为一个整体，慈善组织的捐赠对象也是多样化的，正如它该有的模样。

问题三：既然应该一个问题一个问题地解决，是不是应该先解决那些比较好解决的问题，然后再解决比较难的问题，即应该先向资金需求量较小的慈善组织进行捐赠呢？

解答：当然不是。资金需求量仅是其中需要考虑的一个方面，还有很多重要方面需要考虑，比如说建立基金的目的。如果让我在需要 2 亿美元的癌症基金与仅需要 10 美元的"蚯蚓豪宅基金"（为蚯蚓建设"豪宅"的基金）之间做选择，我一定会毫不犹豫地选择前者，因为后者存在的意义不大。

严格来说，排除多元化的"单一慈善"理论在逻辑上还存在一些例外情况，但这些例外情况意义不大。

第一种是"小型慈善活动"，这种例外情况在之前讨论当地剧院组织的篇章中已经讨论过。如果我的邻居快要饿死了，我会请他吃饭；但他如果仅仅是饿了，我会告诉他照顾好自己。所以，对于这些资金需求量不大的"小型慈善活动"可以分类处理，情况紧急的优先处理，情况不紧急的自行处理。

第二种是捐赠时间，即做义工。与捐赠金钱不同，捐赠自己的时间从事某种对社会有意义的义务劳动有自己的特点，即当捐献者从事某项任务一段时间之后，这一任务会变得乏味无聊。所以，如果你已经在厨房里站着义务劳动两个小时了，你一定希望你捐献的下一小时能够坐着提供义务劳动。

第三种发生在有新信息出现时。比如，当我们获知一些关于癌症协会的具有正面意义的新闻时，很有可能就不再向 CARE 捐款，转而以癌症协会为捐赠对象。但这种例外情况不适用于那些通过 5 分钟的会谈就可以向三家不同的慈善组织捐款的人群。

第四种发生在这样一种情景中：如果我们个人的捐赠行为可

以激励更多的人进行捐赠，那么，我们就应该选择尽量多的捐赠对象，以使我们能够带来的积极意义最大化，鼓励更多的人投身于慈善事业。就像一位读者曾指出的：如果我给美国国家公共电台、国际特赦组织、美国公民自由联盟，每家组织捐款50美元，在我和朋友聊起公共广播电台、人权、公民权利的提升等话题时，就可以提到我向这些组织捐赠的事，他们也有可能因此而向这些组织捐赠。

从逻辑上将这一例外情况推演到极致就是：将每一分钱都分为一万份，然后捐赠给一万个不同的慈善组织。这与之前"将所有的捐赠都赠给同一组织"的建议完全相反。这一策略会引起大家争相效仿吗？完全不会！因为这一行为传达的信息是，你对这些捐赠根本不在意，捐给谁都一样，所以没有人会以你为榜样。

当我们转变自己的捐赠对象时这一机制仍然起作用。向CARE捐100美元的行为传达给邻居的信息是，CARE值得得到这些捐赠；之后，将另外100美元捐赠给癌症协会，传达给邻居的信息是CARE不再值得得到那些捐赠。

所以，改变自己的捐赠对象对其他人行为的影响完全相反。另外，如果我们真的觉得自己的行为会对别人造成重大影响的话，我们可以在向别人传达信息时故意夸大我们实际的捐赠额（但是多数人不喜欢说谎）。

最后，如果有人愿意奖励我们的话，我们会更乐意变更捐赠对象，比如来自老板的奖励。或许，我们变更捐赠对象可以使老板的配套项目更好地进行。这一观点解决了一个问题，但又引发了另一个问题。它可以很好地解释为什么我们要改变捐赠对象，却没有解释老板为什么希望我们改变捐赠对象。推测起来，老板的动机应该不是出于单纯的慈善目的，想到这儿，或许我们都不会有一点点的惊讶！

确实，美国的公司基本与慈善绝缘。解释这一现象的合理而冠冕堂皇的理由是，公司的股东们不希望高管替他们选择捐赠对象。人们雇用裁缝的目的是让他们帮我们做衣服，雇用木匠的目的是让他们帮我们修理房顶，作为一名公司的股东，雇用高管的目的是让他们帮我们运营公司。裁缝、木匠、高管可能都非常胜任自己的本职工作，但这并不意味着他们也很擅长帮我们把钱捐出去。

所以，多数情况下公司完全不涉及慈善领域。但为了维护良好的公共关系，又不得不屈从于"联合劝募会"的安排。

"联合劝募会"根本就不是慈善组织，它从事的活动基本与慈善无关。与接受联合劝募会资助的数十家代理处相比，基本不用费什么力气就可以找到一家——以通常的价值观和信仰来看——可以更有效率地使用善款的代理处（如果找不到这样的代理处的话，你就可以获得"世界最忽视他人需求奖"了）。让联合劝募会将我们宝贵的善款捐赠给数千家毫无意义的"慈善组织"，其实就是与慈善背道而驰。公司的公关部会非常开心地看到我们将善款捐给联合劝募会，甚至我们会因此而受到一些"礼遇"，但为了获得这样的"高看一眼"就转而不向最有价值的受赠者捐赠，这是不是慈善的悲哀？

社会学家通常将行为理论区分为描述性理论和规范性理论，描述性理论研究人们"是"怎样做的，规范性理论研究人们"应该"怎样做。经济学家们通常将自己严格地限制在描述性理论的范畴内，不敢越雷池半步。

所以这一章单纯地描述了现实生活中人们的行为方式：真正热心于慈善的人们不会轻易改变自己的捐赠对象；但大多数人确实在不断变换自己的捐赠对象，这说明多数人并不是真的因为慈善而做慈善。

传统的经济学家分析到此一般就会停止。我们已经获得关于人性的有用信息，这一成就对于我们来说已经足够，我们的任务是了解人性，而不是改变人性。

但在这里，我想做一个尝试，背离先贤的金科玉律，想做一

第 12 章 捐出你的一切

些"规范性"研究。因此提出以下建议：如果我们真的想支持慈善事业，就应该坚持资助同一个慈善组织，而不是不断地变换自己的捐赠对象。

这一理论为何与其他理论不同？部分是因为它的结论与人们的直觉完全相反，我相信很多人从来没有这样思考过这一问题。所以，当我发表这一观点时，我相信很多人会重新思考下自己的行为。

和其他人一样，当我在一次午餐闲聊时第一次听到这一观点时，我本能地抗拒它，换句话说，我不理解它，我寻找各种理由来反驳它，在花费大量时间之后发现，这些反驳都是错误的。即便在弄清它的内在逻辑之后，仍花费了大量时间才将它融入我的正常思维程序，改变了我旧有的思维习惯。所以我才斗胆提出这一"规范性"理论，希望以我"皈依者"的热情带动更多像我这样的人，真正热心于慈善。

以沾沾自喜为目的的给予也是给予，当然应该受到欢迎，但称之为慈善就过誉了。先贤曾告诉我们真正的慈善是不自夸，当然也不张扬。我们可以因收到一打慈善组织寄过来的感谢信而沾沾自喜，当然也可以集中自己的力量，全力支持我们认为最有价值的慈善组织而真正做慈善！

附录：为纯理性辩护

当我在《石板》杂志上发表本章内容的精华版文章时，收到了潮水般的读者来信。当然，读者的水平良莠不齐，但整体而言我还是非常欣赏他们的来信。当然也有令人沮丧的情况存在，有的读者表现出对这一思想前景的敌意，让我无法接受。

举个例子，有的读者以这样一个问题来反驳这一观点："难道人们不可以认为 CARE 和癌症协会同样值得捐赠，同样应得到大家的善款吗？"人们当然可以这样认为，我也这样认为，以及许多我非常乐意称为朋友的人也都这样认为。但问题是：既然我们认为两家组织都值得捐赠，我们是不是有义务，或者至少应该有意愿去思考如何将这一信念更好地转化为行动？

只有当恰好是那种极其罕见的、认为只有一个组织值得捐赠的人时，我们才能合理地避免这一两难境地。其余的人，包括《石板》的记者在内，都要不同程度地经历内心价值观的天人交战。当我们的价值追求相互矛盾时，有两条路可以选择：一是跟着感觉走，让本能引导我们；二是运用逻辑思维进行分析，看看哪一个价值追求更值得。我提倡大家选后者。

通常情况下，确定自己的想法是否符合逻辑的最优方法是：将自己的观点用数学的方式表述出来。21 世纪初，杰出的经济学家阿尔弗雷德·马歇尔向他的同事们提供了这一建议：当面对一个经济学难题时，首先将它转化为数学问题，然后解决，最后再转化成经济学语言，并将之前的数学忘掉。我是马歇尔的信徒，经常遵循他的建议行事。当然，也有读者想了解解决经济学问题的数学过程，好检测自己在哪个环节出错，为了满足这些读者的要求，我已经将相关的数学知识摘录到本书的附录中。

对逻辑的抵制通常表现为对数学的仇视。我的一些《石板》的读者甚至坚持认为，没有数学化表达的观点与道德困境真正相关。但"数学化表达"与"内部一致性"是一回事，所以很明显，这些读者认为除非我们打算自己反驳自己，否则就不应该用数学化的方法解决道德困境。

这并不意味着我们就应该被数学学霸所左右，也不意味着应该被恰好我们不懂，但其实很平常的数学技巧所动摇。如果运用的数学方法不能很好地捕捉观点的真正含义，或者这一观点本身就有缺陷，对数学方法的运用并不能为我们的观点增色。在这种情况下，无论是数学方法的运用，还是这一观点本身，都不具有多少意义。数学方法的运用只是为了保证我们的诚实和防止微小的内在不一致。

如何在数学上区分"一阶收益"（比如救助快要饿死的孩子）和"二阶收益"（比如减少全世界饥饿儿童的数量）非常重要。一阶收益用于证明慈善捐赠，二阶收益用于证明慈善多样化。微积分恰好就是一种描述这种细微差异的方便语言，为什么会有人反对将这一精确语言引入道德讨论这种需要精确度的研究中来呢？

道德问题值得严肃对待。这也是为什么我们在讨论道德问题时，不能脱离开数学的伟大力量而草率地鉴别问题的本质和去除无关的干扰因素。当我们把所有在乎的因素都考虑进来，统一命名为"F"，并构建一个可能令人惊讶但非常重要的恒等式，这一恒等式不随 F 取值的变化而变化，也就是说，我们推导出的结论不仅适用于自己，而且适用于所有人，甚至我们讨厌的人。这说明你已经掌握了深奥的道理。当我们梳理我们的道德义务时，深刻的道理是值得努力探求的！

第 13 章　灵魂的中央银行

对我来说，曾经有两个问题可以称之为宇宙的终极谜团，分别是："世界上为什么会有万事万物，而不是一无所有"以及"人们为什么会紧锁自家冰箱的门而进行节食"。在以前，虽不情愿，但不得不得出这样的结论，即：也许本来就没有什么道理。现在，受益于物理学、哲学和经济学等领域卓越新观点的发展，终于可以重新审视这些问题。

我们需要新观点，因为没有观点可以不过时。上帝为什么会想起来制造世间的万事万物？理性的人为什么会抵抗本能的需求去节食？对于这些问题，每个时代的智者都会有不同的解释，但这些解释都难逃过时的命运。以节食的原因为例，在我们看来，

MORE SEX IS SAFER SEX
反常识经济学4：
性越多越安全

理性的人会在自己与夜宵之间建立起一条不可逾越的鸿沟吗？站在经济学的角度，晚上吃夜宵既有成本又有收益。成本一般以摄入人体的卡路里和脂肪含量来衡量；至于收益，晚上吃夜宵一定有好处，否则，就不会有那么多人抵制不住夜宵的诱惑了。当人们认为收益大于成本时就会选择吃夜宵，换句话说，当人们认为吃夜宵整体而言是件好事时就会选择吃夜宵，并且，这是人们做出的最优判断。既然是好事，是什么使这件好事变得这么困难？

但人们确实锁上了自家冰箱的门，开始节食；戒烟的人越来越多；将储蓄投资于定期的账户，不能随意取现花钱；采用精心设计但难免滑稽的方案强迫自己去锻炼身体……就像希腊神话中，奥德修斯为了抵制海妖塞壬的诱惑，将自己绑在大船的桅杆之上一样，人们为了与自己面临的诱惑做斗争，付出了重大代价。就连我，也曾为了防止自己一整天都泡在互联网上而命令秘书将电脑锁在抽屉里，并将钥匙藏好。

人们为什么要虐待自己？这一切似乎都没有道理。如果人们宁愿放弃一下午的工作时间也要去上网，说明在人们心中，上网是值得牺牲掉工作时间的。既然是值得的，人们为什么要阻止自己上网？当人们对巧克力圣代的需求足以胜过对卡路里的厌恶时，就会选择吃巧克力圣代。如果现在人们对巧克力圣代的需求确实胜过对卡路里的厌恶而去吃巧克力圣代的话，为什么又要阻止自

第13章 灵魂的中央银行

己呢？

一个随意的回答是：圣代的美味其实不值得因此而过多摄入卡路里从而对体形与健康带来危害（抽烟带来的快感也不值得对健康造成的危害，海妖塞壬的诱惑不足以克服对海难的恐惧，等等），但当时头脑一热，人们就会变得不够理性，做出错误的决策。我的好朋友戴维·弗里德曼，是我所知最敏锐也是最坚韧的经济学思想家，他对这一回答非常认可。他执教于圣塔克拉拉大学，为了迫使自己坚持骑自行车上班，没有办理学校的停车许可证。当别人批评他太草率时（毕竟，理性的人会考虑到下雨或其他无法骑自行车的情况下，停车许可证还是有用的，所以应该办理，并在适当的情况下骑自行车上班），他也承认这一点，但是他说，人有两种行为模式：理性和非理性模式。当需要利用经济学原理预测别人的行为时，他只专注于别人行为的理性部分，因为非理性部分本身就具有不可预测性。当需要预测自己的行为时，他认为他对自己独具特色的非理性行为有一些特别的见解，所以他很坦然地承认自己的非理性行为，并计划就这样执行下去。

换句话说，这可能是弗里德曼职场生涯中唯一一次未经"战斗"就同意别人的观点。当解释人类行为时，"非理性"应该是经济学家绝望之后可用的最后手段。并不是因为人们总是理性的，而是因为寻找理性角度解释的尝试更具有启发意义。如果别人的行为我们无法理解,既可以将其划入非理性之列,也可以尝试着去查明对方的真实目的,所不同的是,前者会给我们带来自鸣得意的优越感,而后者或许给我们带来的是一次学习新事物的机会。

所以与弗里德曼不同,我选择假设人们吃圣代、抽烟、骑自行车等行为都是理性的(尽管可能是无意识的),都是经过精确衡量得失之后做出的最优选择。我需要回答的问题是:限制自己做出理性选择的行为是理性的吗?

回答这一问题最简单也最不起眼的答案是假设,这是人们对自我控制的一种尝试。如果锁上自家冰箱这一行为带给当事人的快乐,比吃巧克力圣代带给当事人的快乐还要多,我们就可以说,对紧锁自家冰箱这种行为的尝试是完全理性的。但一旦假设允许对天底下所有行为进行尝试的话,关于这些问题的所有卓有成效的探索就都变得毫无意义,因为任何行为的发生都可以归结为人们正在对这一行为进行尝试。我的经济学启蒙老师迪尔德丽·麦克洛斯基,曾经警告我们不要落入这种空洞的胜利中,"人们为什么喝机油?因为人们只是在尝试"。如果一个答案可以用于解释所有问题,那么这个答案很可能什么也不能解释。

在《心智探奇》一书中,认知学专家史蒂芬·平克认为,我们可以假设人们尝试自我控制,并不意味着也需要假设人们可以

第 13 章　灵魂的中央银行

尝试所有事情，包括喝机油。原因是：与喝机油的尝试不同，尝试自我控制可以带来可复制的优势。

当晚上吃夜宵时，我们自己得到绝大多数好处，多数成本却由我们的配偶承担。所以这种对自我控制的尝试更加有利于我们的婚姻生活，因此，对于人们紧锁自家冰箱的行为我们不应该过于惊讶，因为这可能是自然选择的结果，越有利于人婚姻生活的行为越容易保留下来。

换句话说，紧锁自家冰箱的行为可以起到"美女（帅哥）收割机"的作用。但仅仅节食是不够的，因为无论你现在多瘦，足够聪明的美女（帅哥）们都会怀疑，一旦她（他）昏了头嫁给（娶了）你，你就可能恢复以前暴饮暴食的本性。你可能很精明，试图通过在婚前承诺书中承诺，结婚后每天最多吃两个甜甜圈来解决这一问题，但真正执行起来这简直就是噩梦，美女（帅哥）们也知道这一点，所以这一企图基本不会管用。但如果美女（帅哥）看到你有尝试约束自己的习惯，她（他）们对你的行为和承诺会更加放心，说不定就会给你一个机会。

戒烟的道理也一样。通过仔细权衡抽烟带来的愉悦心情，以及因此而可能带来的患肺部疾病的风险，假设你的决策是前者更重要，因此你选择抽烟，抽烟就是你的最优选择。但这往往会使你很难找到一个愿意与你患难与共的伴侣。所以，如果你本能地表现出对戒烟的自我约束能力的话,你将更容易找到满意的伴侣,尽管就你个人而言,抽烟可能是更好的选择。

戴维·弗里德曼拒绝申请停车许可证的道理也一样。对于一些人来说,天天开车上班可能是最优决策,尽管可能带来少量身体的不适(比如肩周炎等久坐疾病),戴维可能就是这样的一个人。但这种身体的不适可能造成戴维的妻子贝蒂不开心,所以我的看法是,为了让贝蒂相信他,为了让她更开心,戴维宁愿放弃自己的最优选择——开车,不申请停车许可证,转而天天骑车上班。这一决策可以使戴维成为一个"完美丈夫",贝蒂因此而更加善待他。

有的人可能会反驳说,并不是所有的人都在一直寻找伴侣。确实是,但每个人都有父母,他们的父母都曾在某一个时间段寻找伴侣,并且寻找成功了。这种能帮助上一代成功繁殖后代的行为一般都会遗传给下一代,从这个角度看,对自我控制的尝试并不比对性的尝试更神秘。

美国有个经典的游戏叫"斗鸡",在这个游戏中,两个白痴驾车向对方冲去,直到其中一个转向,谁先转向谁输。赢得这一游戏的关键是让对方知道,无论发生什么你都不会转向,所以要想

第 13 章 灵魂的中央银行

赢得这一游戏,最好当着对手的面将方向盘拆除。[1] 这一游戏告诉我们,自由并不总是好的,转向的自由就是失败的自由,摒弃这种自由,你会更容易获得成功。

如果名下有抵押贷款需要偿还,每个月都需要向银行支付一定金额欠款的话,实际就相当于放弃了一部分自由,为这一自由的失去欢呼吧!这一牺牲是值得的,没有对这一自由的放弃就换不来贷款的批准。实际上,就凭这一点点牺牲其实并不足以与银行签贷款合同,只有让信贷审批员相信你会严肃对待这笔贷款,你的贷款申请才会被批准。要达到这一目的的关键是让信贷审批员确信,无论发生什么你都不会违约。因此,赢得这场博弈胜利的策略就是做出令人信服的承诺,承诺一旦违反你就会切腹自尽。但空口无凭,令人信服的承诺需要令人信服的执行者作保。因此,政府如果真的想帮首套房购买者顺利从银行贷到款,就应该对延迟还款的贷款人给以严厉的经济处罚。

政府也有自己的信誉问题。比如,各国政府往往向投资者承诺投进来的钱会稳定增长,并且这种增长是可预测的。政府做出这种承诺的目的是吸引投资和促进经济繁荣。不幸的是,政府总是忍不住通过操控货币供给政策来实现短期目标,进而破坏这一

---

[1] 竞争对手的最佳应对策略是绝不向你看一眼,这样无论出于什么考虑,你都不得不保持方向盘完好。

承诺的有效性。投资者们都很精明,他们早已预测到政府会这么做,因而更加怀疑政府的承诺。为了解决政府的这一信誉问题,多数西方政府故意设立独立的中央银行,来限制政府在货币供给方面的自由,独立的中央银行不需要向政府部门直接负责。

设立独立的中央银行,与签订抵押贷款合同、拆除方向盘一样,都是一种主动作为的政策,目的是通过主动限制自己的自由让对方更相信我们承诺的可靠性。相反,将自家冰箱锁起来和把香烟藏起来的尝试都是一种被动而为的驱使,其成果不是主动设计的结果,而是自然选择产生的随机突变结果,因此它的目的是隐藏真实的自我。将冰箱锁起来怎么看也不像求偶策略,但这并没有什么不正常的,毕竟,我们对新鲜水果和铁板牛排的热情并非纯粹为了获取基本营养物质。不管怎么说,这是生物进化的结果,因为历史上一定有一个时期,活下来的都是喜欢食物的人。再说一个私密的话题,成年男女休闲之余做爱带来的愉悦也不是为了繁殖后代,但这也是生物进化的结果,因为历史上也一定有一个时期,能产生后代的都是那些"性趣盎然"的人。

原则上来说,大自然本可以按照与现在完全不同的轨迹运行。比如,与其让食物和性变得如此诱人,不如让人类拥有足够的脑力认识到食物和性是生存下去和繁衍后代所必需的;与其让牛排看起来很可口,不如让人们认为自己体内氨基酸含量有些低了,应该补充些氨基酸了；与其让人们觉得新搬来的邻居很漂亮（帅气），不如让人们认识到，新搬来的邻居具有很多有益于繁衍后代的特征，是时候让自然界的DNA变得更丰富些了。自然界有很多条路可以选择，有些选择的效率可能更高，比如，我们可能会不再吃不利于健康的食物，不再浪费时间和精力去谈一场柏拉图式的恋爱（不以产生后代为目的的恋爱）。为了获得这种高效，自然界需要让我们的大脑变得更加聪明，以能够精确地计算什么时候该吃，什么时候该找配偶。自然界可能觉得让我们变得更加聪明需要付出的成本与这一效率的提高带来的好处可以相抵，所以就没有做出改变。出于这样或那样的原因，我们在无意识本能方面进化得更多。所以，当我们有一种奇怪的冲动想把自家的冰箱锁起来的时候，并没有意识到这样会使自己更容易找到伴侣，进而繁衍后代，也许这就是无意识本能进化的结果。

实际上，与选择食物和做爱对象不同，紧锁冰箱大门进行节食完全是自然规律运转下的人类无意识本能活动。如果这是一种有意识的求偶策略的话，可以预测，一旦求偶成功人们就会放弃这一行为。只有与人类意识控制无关、完全出于本能的行为才能使潜在的伴侣确信，即便婚礼结束你的节食行为也不会结束。

做出承诺很简单，并且意义不大，如何将承诺变成不得不执行的义务才更有意义，也更难。所以无论是出于主观意愿，还是遵循自然的召唤，还是本身就是自然选择的结果等原因，人类一直在努力设计执行机制。人类发明了中央银行，大自然发明了本能。本能是一种很好的执行机制，因为我们总是不约而同地遵循它的召唤。

举个例子，报复就是一种本能。复仇被称为是一种总是能迅速得到回报的债务。具有讽刺意义的是，报复也是一种完全出于自愿的债务。不及时还款会收到银行的传票，对别人的攻击和侮辱置若罔闻也会使大家远离你。

自愿偿还债务也可能需要付出昂贵的代价。15世纪晚期，伟大的兰开斯特和约克王朝在旋风般的复仇中被摧毁，而这股复仇潮流席卷整个英格兰地区。400多年后，一连串哈特菲尔德和麦科伊家族的成员被杀，因为他们在传奇性的阿巴拉契亚仇杀中拥有杀死竞争对手的特权，血债血偿！为什么他们不能和平相处？

都铎王朝，建立在兰开斯特和约克王朝的骨灰之上，有一个仆人叫弗朗西斯·培根，对于为什么应该让过去的就这么过去，他这样解释：

> 逝者已去，往者不可追。聪明人眼前的事和未来的事就够忙的了，哪有心情去处理过去的事……一个总想着复仇的人，自己的伤口也一直在流血，相反，放下仇恨，就会得到痊愈。

第 13 章 灵魂的中央银行

作为一名作家，我是怀着无比失望的心情记下这段话的，尽管培根的箴言简洁、深刻、无可辩驳，已过去多年仍言犹在耳。他的箴言虽已付梓 300 多年，但对人类行为的影响却微乎其微。

为什么一种总是导致自我毁灭的本能能够在变幻莫测的自然选择中幸存下来？政治学家早已认识到，虽然复仇本身成本高昂、毫无意义，但复仇带来的威胁感是一种有效的威慑力量。但对于冷血、绝对理性的人来说，没有执行力的威胁就是一句空话。所以，想让这种威慑力真正起到威慑作用，就应该让纯粹的本能来驱动它，换句话说，如果想吓退你的敌人，就应该有复仇的"嗜好"，让复仇融入骨子里面。

史蒂芬·平克的文章如此迷人，让我产生将整篇文章剽窃过来的冲动。他在文章中写道，人类通常通过肌肉的收缩来传达自己的愤怒情绪，并且这种肌肉的收缩无法自主控制，所以应该告诉邻居，我们的情感表达是真实的，对情绪的控制力是有限的。就像政府通过放弃对中央银行的控制权来提高自己承诺的执行力一样，我们也可以通过放弃对情绪的控制，展现真性情，来提高别人对我们承诺的信任。政府有自己的中央银行，那灵魂呢？灵魂的"中央银行"是什么，或许对复仇的热情就是灵魂的"中央银行"吧！

生活中我们经常面临这样的困境，由于大家都知道将来你一定会放弃某一行为，而导致现在无法将相关事情处理好，经济学家将之命名为时间不一致性问题。之所以需要向别人做出某种承诺，是因为这些承诺可以影响你和别人的关系。如果不需要与任何人打交道，就不会面临时间不一致性问题，时间不一致性问题产生于矛盾冲突。

与我们关系最密切的人毫无疑问是将来的自己。处理好现在的自己与将来的自己之间关系的关键是保持高度的利他主义；我们需要牺牲当前的利益，以获得将来的收益。那么，我们需要执行怎样的利他主义？是那种以完全杜绝冲突为目的的纯粹利他主义？还是那种会导致时间不一致性问题的不完全利他主义？

当我的好朋友拉尔夫·科恩兴奋地宣布他要当爸爸的消息时，我问他："你希望孩子将来打棒球时打哪个位置？""都可以，"拉尔夫不假思索道，"只要他开心，我就开心。"又停了一会儿，经过短暂的思考之后，他补充道："我个人更希望他打游击手的位置。但如果他愿意，其他位置我也可以接受。"又停了一会儿，这回停的时间稍长，拉尔夫忍不住又补充道："只要在内场就好。"

这就是纯粹利他主义与不完全利他主义的区别，前者情况下我们关心别人是否幸福（尽管不如关心自己的幸福那般迫切），后者情况下我们保留关心别人如何获得幸福的权利。

第 13 章 灵魂的中央银行

当处理现在的自己与将来的自己之间的关系时，传统的经济学理论认为人们是纯粹的利己主义者，尽管不如对当前的快乐那般渴望，但还是希望未来的自己能够快乐。哈佛大学的戴维·莱布森教授是少数几个不同意这一观点、主张打破传统权威的经济学家之一。当处理与他人之间的关系时，没有人怀疑人们是不完全利他主义者，但当处理与将来的自己之间的关系时，莱布森依然主张人们是不完全利他主义者，因为人们在乎的不是将来的幸福，而是如何获得这种幸福。就像处理与孩子之间的关系时不完全利他主义会导致家庭内的矛盾一样，在处理与将来的自己之间的关系时，不完全利他主义依然会导致个人内心的矛盾。

举个例子：大家都知道，不切实际的高消费会给未来的生活带来大麻烦。但如果你是一个不完全利己主义者，对不切实际的高消费的期待就足以给人们的生活带来大麻烦，而且带来麻烦的方式也很有趣。假设你此生最大的快乐就是畅想明天的奢侈生活，那么问题来了，明天是一个移动的目标。周一时畅想着周二来一场盛大的聚会，周二时又由着自己的性子，期待着将聚会推迟到周三……如此周而复始，不断往后推，直到人生最痛苦的事情发生：人死了，钱没花完！

之所以说这是一个悲剧，不是因为钱没花完，而是因为压根儿没有期待把钱花出去，因为足够聪明的你早在整个事件铺开前，

MORE SEX IS SAFER SEX
反常识经济学4：
性越多越安全

已经预测到整个事件的结局。如果你喜爱的是期待聚会的那种感觉，并且也知道自己只是喜欢这种期待的感觉，那么你就不会真正期待任何一场聚会（也许这就是德国抒情诗人和戏剧家贝托尔特·布莱希特所说的"我的生活被我的天分所毁灭"的真正含义）。如何解决这一问题？答案就是：策划一场不可推迟的聚会，如果可以做到的话。比如，提前向聚会承办方支付定金，并且选择对取消订单的行为采取重罚措施的饭店承办聚会。

我也在承受着这种痛苦，虽然还很微弱，但在不断变强：我不希望看到真正的好书，因为这样会使我失去期待好书的那种快乐。当然，由于我很清楚喜欢的只是这种期待的感觉，所以实际上并没有对什么书特别期待。乘飞机旅行帮了我一个大忙：为了迫使自己读些好书，上飞机时我只带这些好书，闲来无事，不得不读。当然能够做到这些的前提是航空公司提供的读物实在惨不忍睹，丝毫没有令人阅读的欲望。所以，一旦航空公司提升读物质量的话，或许我的这一读好书的计划也就只能泡汤了。

我的好朋友雷·海特曼正经历着另一种麻烦：与期待奢华生活的人不同，他希望自己未来变得更加节俭。他特别希望自己在达到"一定年龄"之后，能够痛下决心，放弃花费更多资源来延长自己寿命的做法，他觉得这很酷，可以给他带来快乐。但他也很清楚，这个"一定年龄"会不断地被重新定义，以能够总是对

第13章 灵魂的中央银行

之充满期待。想到这一点，他就不自觉地有些痛苦。因此，他在寻找方法以限制自己对未来选择的自由。

如果说雷只在乎他未来的快乐（换句话说就是，在处理现在的自己与未来的自己的关系时，雷是纯粹的利他主义者）的话，人们一定会指责雷前后不一：限制选择并不会使雷更加快乐。但如果说雷更在乎如何得到这种快乐的话，他就不会前后不一了，换句话说，雷是一个不完全利他主义者。如果人们是不完全利他主义者，就可能放弃未来的快乐（比如为未来的自己放弃一场聚会，或者读一本好书，或者放弃昂贵的医疗资源，抑或开始省钱或戒烟以达到节省昂贵医疗资源的目的），以获得现在的快乐，尽管人们知道未来的自己可能不希望这样。

当多萝西·帕克哀叹"我讨厌写作，但我热爱我已写好的作品"时，她表达的就是个人在当前成本与未来收益之间进行常规权衡时的复杂心情，这种权衡非常符合传统经济学的分析框架。莱布森的不完全利他主义理论面临一个非常微妙的问题：在他的理论中，人们不是在权衡自己的收益与成本，而是在与未来的自己进行博弈，以获得优胜策略。

这就启发我，也许最开始的问题"人们为什么紧锁冰箱进行节食"有了新的、不同的答案。在本章中，我花费大量篇幅用于讨论节食可以解决个人（任何相信巧克力圣代值得那些卡路里的人)与其伴侣,或其潜在伴侣(与他观点不一致的人)之间的矛盾,但按照莱布森的理论,这并不是在解决个人与其伴侣之间的矛盾,而是在解决现在的自己和未来的自己之间的矛盾。

无论哪种理论更加正确,都有一件事可以确定:除非人们与某人之间存在矛盾,否则冰箱门的紧锁依然令人费解。如果人们的全部追求就是让未来的自己更加快乐,并且如果不会有第三场聚会牵扯进来的话,对未来选择权的限制就是没有道理的。

莱布森的理论在多大程度上可信?不深入探讨其影响我们就无法真正得知。皮尔·克鲁尔和安东尼·史密斯教授已经在这条探索的道路上走出很远。他们以观察在莱布森所描述的世界中人们的储蓄行为作为开始这一进程的起点。正统经济学认为,如果两个不同的个体具有相同的偏好,面临相同的机遇,就会形成相同的储蓄习惯。但克鲁尔和史密斯发现,在莱布森描述的世界中,这一切都不成立。

为什么会这样?原因如下:假设有两个不完全利他主义者——阿尔伯特和阿尔文,他们都希望将来的自己不仅快乐而且勤俭节约。阿尔伯特是个悲观主义者,总想着自己将来一定是个败家子,挥霍无度;阿尔文是个乐观主义者,他觉得自己将来一定是个非常善于约束自我的人,所以他很开心。阿尔伯特为了防止自己的钱都被将来的自己——就是他认为的"败家子"挥霍掉,

第13章 灵魂的中央银行

所以决定现在就把所有的钱都花掉；与此不同，阿尔文由于预期会将自己的钱都交给将来那个"完美"的自己，所以心情振奋，在积极努力地存钱。

随着时间的流逝，一年一年过去，阿尔伯特和阿尔文的这种行为特点愈演愈烈。他们拥有相同的偏好，面临相同的机遇，但最后结果却不同，一个死时一贫如洗，一个死在钱堆里。

另一种影响可能更奇怪：假设爱丽丝也是一个不完全利他主义者，但与阿尔伯特和阿尔文不同，她希望自己将来能够过上奢靡无度的生活，她很享受这种对未来奢靡生活的畅想。最初，爱丽丝非常乐观，觉得自己将来一定能过上奢侈的生活，所以现在就开始存钱，以后好举办一场盛大的聚会。但一旦开始存钱，爱丽丝发现自己变成了一个"储蓄者"，这不符合她对自己奢侈度日的定位，觉得应该现在就把钱花掉，可一旦开始花钱又意识到，现在把钱都花完了以后就没钱花了，于是又开始储蓄……如此周而复始，她对自己的预期以及由此决定的行为就这样永远剧烈地波动下去。

探索影响是检测莱布森理论正确与否的方式之一。另一方式是在开始时对莱布森式的偏好假设的可信度进行检测：关于不完全利他主义的假设是否过于轻率和简单，比如尝试机油味道的假设？又或者，它是否可以通过诉诸自然选择的结果来证明自己的合理性，比如关于复仇的嗜好？

　　这里有个大胆的猜测：或许莱布森式的偏好会导致人们可见的自我控制尝试，这种可见的自我控制尝试有利于吸引潜在的伴侣，因此自然选择的结果会支持这一理论。如果这一猜测可以通过某些合理性检测的话（比如说，以计算机模拟的形式展现个体在偏好进化的情况下资源竞争的结果），两种关于人们为什么要紧锁冰箱进行节食（自我控制）的理论就可以合二为一了。

　　下面讨论宇宙的起源问题。这个问题的另一种表述方式我更喜欢，即"物质从何而来"。我相信：宇宙由纯数学模式构建而成，这里所说的模式不是任何形式的模式，而是模式本身。这一模式不需要来自任何地方，它们就这样存在着。构成宇宙的这一特殊模式恰巧包含许多子模式，这些子模式非常复杂，能够以正确的方式意识到自己的存在，这就是人类。

　　在我的观念中，这是绝对正确的，尽管我的朋友中有一半认为这很明显是错误的，另一半简直就不知道我在说什么。

　　但从经济学的角度解释上述观点就变得很容易。史蒂芬·平克认为理解宇宙起源的原理并不是一项很实用的技能，它无助于我们寻找伴侣、繁衍后代，所以大自然也就没让我们进化出适当的脑力去思考这一问题。大自然是一个精明的经济人，不会草率

第 13 章 灵魂的中央银行

地赋予我们任何多余的能力。与此不同,理解人类行为模式的能力对于我们这种社会性动物——现代智人来说具有明确的回报效应,所以,预期我们能够发展出一套关于紧锁冰箱原因的详细而令人信服的理论并不是一种奢望。

第 14 章　如何解读新闻报道

新闻报道最大的问题是，这些新闻往往由新闻专业人员报道出来，这比起让他们去设计桥梁来说，效果确实要好一点，但也仅仅是好一点而已。对于广大的读者来说，确实有很多地方值得大家去怀疑。

在很多新闻报道当中，新闻事件可能是真实的，但记者的解读往往错得离谱。尤其是报道热点问题时，比如种族歧视和业务外包等歧视现象根深蒂固的领域。如果想了解事情的真相，运用些经济学分析的小技巧，会产生出乎意料的效果。

种族歧视

数年前,人们如果沿着马里兰州的 i-95 号高速公路一路驶来,很可能会被警察拦下来搜查毒品,尤其是黑人。黑人被拦下来搜查毒品的概率是白人的 3.5 倍。

如何解释这一现象?一种理论认为警察主要检查黑人,是因为黑人携带毒品的可能性更大;第二种理论认为警察歧视黑人。

让我们检查下相关证据。被拦下的白人中,大约有 0.33% 的检查对象被发现携带毒品;被拦下的黑人中,这一比例几乎完全一样。啊哈!白人和黑人携带毒品的可能性是一样的,所以第二种理论正确,警察都是种族主义者,不是吗?

再思考一下。对黑人的检查力度比对白人的检查力度高 3.5 倍的情况下,敢携带毒品的黑人比例还和白人比例一样,想象一下,如果将对黑人的检查力度降到与对白人的检查力度一样的话,敢携带毒品的黑人该增长多少?

正确的结论是:在那个时间,在那个地点,无论是出于什么原因,黑人携带毒品的倾向性确实要比白人高,这一倾向性只有通过严格的执法检查才会有所缓和(当然,只有当黑人清楚自己比白人更容易被拦住的情况下这一观点才成立,考虑到关于种族歧视的抱怨无处不在的实际情况,这一假设显然是成立的)。另一个正确的结论是：警察对黑人并没有特别的敌意。

原因如下：设想一下，假如警察一门心思地想最大限度地抓毒贩会发生什么？他们会将所有的注意力集中到最可能携带毒品的人群身上，也就是黑人身上。这样将使白人毒品携带者更容易成为漏网之鱼，而黑人毒品携带者更容易被抓。由于人们对激励措施一定会有所回应，所以，白人毒品携带者的数量会越来越多，而黑人毒品携带者的数量会逐渐萎缩。

这一过程会一直持续下去，直到黑人与白人携带毒品的比例达到平衡。在那个阶段（1994年开始收集数据之前很久，应该已经达到这一阶段了）没有理由进一步打击黑人，但也没有理由放松对黑人的控制（任何暂时的宽松政策都会很快导致黑人和白人的定罪率差异，并最终回归到均衡状态）。

如果警察们确实对黑人心生敌意，我们应该能想到，他们就会严厉打击黑人毒品携带者，直到只有很少的黑人敢携带毒品。如果那样的话，我们看到的就是比白人定罪率更低的黑人定罪率了。但并没有那样，实际上我们看到的是相同的定罪率，说明警察确实集中精力拦截黑人了，但目的是将他们的定罪率提高到与白人相同，达到均衡之后就停止了，并没有采取进一步的敌意行为。[①]

[①] 参阅附录，可以讨论这个论证中的一些微妙之处。

依据这一标准，真正有理由抱怨的不是黑人，而是西班牙裔人。被查出携带毒品的西班牙裔人的数量只是白人或黑人数量的1/3。警察们为什么要拦下一个只有0.11%的可能性携带毒品的西班牙裔人进行检查？为什么不改查黑人和白人？由此可以看出，警察们确实不太喜欢西班牙裔人。

站在西班牙裔的角度，可以这样看这个问题：确凿证据显示，警察之所以检查得如此严格是因为，他们想尽可能多地抓住毒贩并将它们绳之以法，这与种族无关。这种想法是不是很好？不！这种想法非常有害！确切地说，这种想法为什么有害取决于人们对缉毒战争的看法。

如果你和我一样，认为缉毒战不过是人们道德优越感的一种宣泄的话，就会发现，警察正在将毒品相关的定罪数量最大化，这一点令我很担忧。因为不喜欢司机的肤色就将司机拦下来进行搜查确实应该受到谴责，但这至少没有扰乱正常的经济活动。如果警察的目的就是每天骚扰12个司机，无论他们是黑人、白人或其他有代表性的人种，骚扰与肤色、人种无关，这也没关系；但如果他们的目标是毒贩，关系就大了，因此这种抑制毒品交易的措施会推高毒品的价格。我觉得这很糟，比种族歧视更糟！

当然，如果你和我不同，是一名坚定的缉毒斗士，你可能会认为抑制毒品交易是件好事。所以，作为一名缉毒斗士，应该为警察大力惩治毒品交易的行为点赞。但，请再思考一下，如果真的想抑制毒品交易的话，是不是应该加大威慑力度，而不是加大处罚力度？如果目标是加大威慑力度的话，就应该多搜查白人，因为有更多的白人需要被拦下来。

搜查更多的黑人具有两面性，一方面，它确实可以搜查到更多毒品，但另一方面，它不利于抑制毒品交易。因为这样实际上是在为白人毒贩变相打广告，他们不用过多地担心被警察搜查，从而怂恿更多的白人去贩毒。由于白人在总人口中的比例是最高的，所以这一"鼓励"效应可能很大。毕竟，0.33%的白人比0.33%的黑人代表更多的司机，更多的司机意味着更多的毒品！

所以，我们是否还应该支持打这一场缉毒战争？我们已经具有合理理由像美国公民自由联盟一样，呼吁在警察盘查政策方面更为平衡地对待各个种族。这样会有更少的人被捕（吸引自由主义者的支持），产生更大的威慑力（获得禁酒主义者的青睐）。

当马里兰州的统计数据第一次出现在新闻报道中的时候，几乎所有的评论员都误读了它的重要意义。有的认为这是种族主义的结果，有的认为这是禁毒措施高效的表现，他们全都错了。种族主义的警察会拦截更多的黑人，在乎执法威慑力（反对重罚）的警察会拦截更多的白人。所以，经济学中有很多简单的推理技巧，哪怕稍微运用一些就会使每个人受益匪浅。

MORE SEX IS SAFER SEX
反常识经济学4：
性越多越安全

灾难救援

当看到电视画面中灾难受害者悲惨的遭遇时，如果真的想帮他们，并希望政府援助他们的话，这时候我们需要的并不是一腔热血，而是一颗冷静的心，尤其是受灾者都是穷人的情况下。

卡特里娜飓风摧毁新奥尔良州之后，联邦政府投入2000亿美元用于灾后重建和受灾人员的医疗援助。这一轻率的行为，导致全国各地的穷人生活更加艰难，他们本来已勉强度日。

原因如下：穷人远比富人更需要关注他们的预算情况。他们穿便宜的衣服，吃便宜的食物，住便宜的房子，艰难度日。他们甚至愿意住在洪水泛滥，随时可能遭受破坏的平原上，只要房子足够便宜。这就是为什么在新奥尔良州，遭受卡特里娜飓风破坏最严重的都是穷人，因为他们住在海平面以下。

每个城市以及每个城市的每个社区都有不同的配套设施、不同的风险性，以及与之相对应的房价。人们拥有选择权，他们可以选择便宜的小区，相应的风险也可能较高；他们也可以选择高档的小区，相对的可能更加安全些。（当然，风险只是影响房价的因素之一。就像旧金山，尽管它建立在一条不稳定的断裂带上，但由于配套设施堪称完美，房价仍然非常高。当然，如果它不是坐落在地震带的话，房价可能会高更多。整个城市中，最容易发生地震的地区也是房价最便宜的地区。)

但是，联邦政府的灾难援助政策往往会选择让每个人都分担洪水的风险，以使住房价格更加接近，从而消除对住宅地域的选择。如果政府准备在堪萨斯城提高税收以拯救新奥尔良，那么新奥尔良的房价会上涨，而堪萨斯城的房价会下跌。我们再也无法通过搬到堪萨斯城来逃避洪水的风险，同样也不能通过搬到新奥尔良州来获得承担全部风险的好处。无形中，我们的选择权被剥夺了。

这并没有明显地改善任何人的生活。那些愿意承担一些风险的人，现在被迫住在更贵的房子里；那些宁愿安全生活并愿意为之付出一定代价的人，现在被迫（通过税收系统）承担相同的风险。具有讽刺意味的是，这种同质化正是新奥尔良市一直反对的。拥有多元文化的城市是件好事，拥有不同艺术背景的城市也是件好事，同样，拥有不同风险特征的城市也是好事。没有差异性，我们如何为世界的多样性而欢呼？

由于灾难援助政策使便宜的住房变得更加昂贵，那些原本住在便宜住房中的人们需要在住房方面比原来付出更多的资金，因而遭受更大的损失。而住便宜住房的多数都是穷人，因而最终遭受更大损失的是穷人。如果你关心的是穷人一开始不应该那么贫穷，对此我只能回答：不必等到洪水来了才想起解决这个问题。

与洪灾有关的政策问题是：对于贫困人口来说，当我们给他们提供灾难救济（这是好的），同时提高他们的住房成本（这是不好的）时，我们会使他们的境况变得更好还是更糟？拒绝回答这个问题，在我来看来就是一种对穷人实际利益漠不关心的表现。

有人可能会说，我们真正欠穷人的是灾难援助和经济适用房。也有人可能会说，我们应该给他们提供神奇的粉红独角兽，因为它们能提供无限的牛奶供应。在不影响其住房成本的情况下，对住在河漫滩上的人们提供援助是不可能的。不停下来问一问一个宠物项目对穷人来说是否弊大于利就宣布政府对穷人的承诺，毫无疑问是很不严肃的。

巴格达之劫

2003年，当整个巴格达陷入一片混乱时，劫掠者洗劫了国家博物馆。劫掠者逃离后留下上百个陶罐、雕像、石碑和大量其他无用的废旧物品。哦，对了，还有一个2600年历史的竖琴，我保证它的乐声远不如在万维网上免费下载的音乐那么美妙。我之所以提到这一点，是因为我在《石板》杂志上写了一篇专栏文章，把打劫者的重要性降到最低限度，因为只要一罐花生酱就可以让他们做任何事情。之后便被潮水般的邮件淹没，大家都在询问:"那博物馆重要吗?"它重要吗?那个博物馆里有很多东西都是五千年前的,如果是在我的车库里,我早就把它们扫到路边了。

24小时之内,西方世界的每一篇社论都与古老的亚历山大图书馆的焚毁有关。饶了我吧!亚历山大图书馆确实是知识的宝库,而这些知识本身也曾经非常先进。阿基米德和无名英雄发明了水力学科学,埃拉托色尼[①]测量了地球的周长。古代世界最先进的医学、天文学和数学都来自亚历山大。但在巴格达的国家博物馆里会有什么惊天动地的发现?要知道,现代科学技术都起源于普林斯顿、巴黎和莫斯科,而不是那些古代文明的发源地。

博物馆的藏品如果不是科学知识的重要来源,那么它们的价值是什么?我们失去了一些伟大的艺术品吗?嗯,我相信大部分的艺术作品在公元前3000年左右的时候是伟大的,但是艺术技巧从那时起就一直在进步。我也确信,博物馆里有一些藏品,如果能幸存下来,它们的辉煌、壮丽将令未来的游客震撼和敬畏——这一辉煌、壮丽现在是看不到了。但这还称不上是亚历山大式的悲剧,最多只能算是迪伦·托马斯式的悲剧。迪伦·托马斯在39岁时死亡,就在他完成他的巨著 *In Country Heaven*(乡村天堂)之前。换句话说,这是那种十年中会发生很多次,而不是两

[①] 埃拉托色尼是公元前3世纪希腊的天文学家、数学家和地理学家。——编者注

千年才发生一次的悲剧。如果是我的话,我更愿意让迪伦·托马斯回来再写 20 年有价值的诗歌,也不愿花一个下午的时间来研究古巴比伦人提供的最伟大的艺术作品。

此外,真正好的东西肯定还有照片。这些照片可能不如原件那么好,但它们能让世界上 99.9% 的人看到。亚历山大和巴格达之间还有一个区别:亚历山大图书馆的许多知识连同原始手稿一起遗失了;在巴格达或现代世界其他地方储存的大部分知识都存储在硬盘中,可以通过点击鼠标方便获取。

什么是历史?关于文明的诞生,现在还有什么事情是不可能知道的?或许还有,但那又怎样?我很喜欢历史,但是可以学习的历史有很多。如果劫掠意味着失去一本关于古代苏美尔的书,那我就换一本关于中世纪英格兰的书来读,我并不认为这种替换会使自己变得贫困潦倒。如果像我这样一个比世界上 95% 的人口更热爱历史的历史爱好者,都不太介意看到巴比伦艺术品消失的话,那其他的人又为什么要在乎呢?

过去的知识是极有价值的,但并不意味着过去的每一点额外知识都是极有价值的。从这个意义上说,文物很像水。总的来说水是无价的,没有它我们就活不下去。但这并不意味着每次有人溅出一滴水,我们都要伤心地哭天抢地,我们有足够的水维持我们的生活。同样道理,文物总的来说在许多方面丰富了我们的生活,但这并不意味着每次有人抢劫博物馆时我们都要哭。我们已经有足够的文物来满足人们的好奇心。

这样说吧:如果你认为你的生活确因巴格达的遭遇而变得更糟,那么你确实需要一个更好的生活。在天堂和地球上还有很多更有趣的东西值得你花时间去思考。当一个消失,你就选择换另一个。

对于文物最大的谬误在于相信它们,要么价值昂贵,要么不可替代,因而具有巨大的社会价值。这是错误的,原因多种多样。

首先,许多文物价值昂贵,仅仅是博物馆馆长们花着别人的钱进行文物拍卖的结果,试想一下,如果不是他们,一块5000年历史的石板,还能有什么市场?

其次,也更重要的是,没有太多理由认为艺术品的价格能反映其社会价值。这是因为艺术作品可以转移人们对彼此的注意力。丹·布朗写了一本书叫《达·芬奇密码》,售出750万册,他因此赚了2000多万美元。但这并不意味着如果他不写这本书,整个世界将因此损失2000万美元。如果《达·芬奇密码》没有被写出来,其他一些现在没有被人注意到的书可能就会取代它,成为当时的重磅炸弹,读者们读过之后也一样会很高兴。

写书和种橘子不同。如果你种植的是世界上最好的橘子,那次好的橘子仍然会被吃掉。但是,如果你写的是世界上最好的书，那么第二好的书就会失去很多读者。所以，橘子的市场价格可以很好地反映其真正的社会价值，而艺术作品的价格则不能，丹·布朗的2000万美元只能证明，他能够很好地将其他作者的收入变成自己的收入。

换句话说，写书（或创作艺术品，或收藏文物）具有重要的溢出效应。通过写这本书，我可以把成本强加给另一个作家，就是"如果不读我的书你就会读他的书"的作家。但当我决定写这本书的时候，并没有考虑到这些成本。所以，写这一书很可能是种具有社会破坏性的行为。直白点说就是：如果我写的这本书对你来说价值20美元，而如果没有我的书你就要读的另一本书值18美元，那我的书就使你的人生增值了2美元——同时我获得向你收取20美元的权益！这意味着我的工资被高估了。同样道理，巴格达的财宝的价值可能也被高估了！

全球变暖与局部拥挤

还在因为自己的汽车对全球变暖的贡献而感到内疚吗？地球通行证公司让您不再内疚，登录网址 http://www.terrapass.com，购买一份地球通行证，然后使用智能手机上的计算器来确定需要支付多少资金，这样做可以安慰你的良心。地球通行证公司的员工会用你支付的资金来资助清洁能源项目，抵消你的汽车排放的二氧化碳。

这是一个可爱的想法，我为它背后的情感点赞。但它完全忽略了几个要点。

第一，二氧化碳的排放肯定会产生溢出成本，所以肯定应该采取措施进行抑制，这是征收燃油税的好理由。但地球通行证公司的做法犯了两个错误：第一，它只对那些已经内疚到愿意够买一份地球通行证的人"征税"，说不定正是那些已经不再考虑环境后果而冲进购物中心疯狂购物的人。第二，与燃油税不同，地球通行证公司唯一做的就是提高额外行驶一英里路程的成本，但这其实正是我们必须采取措施予以鼓励的行为。地球通行证公司的计算器告诉我，依据我的车型和制作工艺，如果我每年行驶里程不超过20000英里的话需要交纳49.95美元，如果超过20000英里的话应该交纳79.95美元。当我每年行驶的里程数从10000英里增加到12000英里，再增加到15000英里的时候，我不会增加任何额外的成本。但其实关键点应该是让我感受到我行驶的每一英里的溢出成本。

地球通行证公司的另一个问题是，它坚持为清洁能源项目融资，而不是将资金投资于可能产生最大社会价值的项目。我的49.95美元用于支持一个车库乐队，或投资于通用电气公司都有可能比支持清洁能源项目产生更大的社会价值。

理想情况下,我们应该对社会破坏性活动征税,并以我们能想象到的最具社会效益的方式利用这笔税收收入。像地球通行证这样的"伪税"也一样。没有理由认为,酒精税应该用于治疗酗酒,同样道理,地球通行证的收入也不一定必须用于环境清理。

但地球通行证最大的问题是,看到了一个相对较小的溢出成本,却忽略了一个更大的溢出成本。我开车的话,二氧化碳排放量每年造成大约 50 美元的损失;如果我不开车,车停在公共街道,占用宝贵的土地资源,会带来更大的成本损失。

显然,直到 2006 年才有人注意到强制免费和低价停车的社会成本是多么巨大,隐含的补贴可以与我们花在医疗保险或国防上的资金相媲美。注意到这一问题的是加州大学洛杉矶分校的唐纳德·肖普教授,他写了一本意义深刻的书,书名叫 The High Cost of Free Parking(免费停车的高成本)。

在城市街道上停车成本总是很低廉,这就是总是很难找到停车位的原因。许多情况下,不在街上设置停车位会更好,这样就可以腾出空间来建设更多的住宅、商店、咖啡馆或其他车道。当然,这样要找到一个停车位会更加困难,但可以促使更多人选择公共交通工具,这是好事。

污染空气和堵塞街道都应该感到内疚,厚此薄彼是不合适的。

第 14 章　如何解读新闻报道

有人可能会说，全球变暖比城市拥堵问题更为严重，他可能是对的。但这不是问题的关键所在。问题的关键是人们对全球变暖的贡献和对城市拥堵的贡献哪个更大。如果你是一个典型的城市司机，你对后者的贡献可能会让前者相形见绌。

即便你从未开车进入城市，你（至少是间接地）仍然是问题的一部分。郊区的购物中心都被要求建立超大面积的停车场，而这些停车场从来都没有停满过。你可能没有意识到这一点，因为你总是在附近的区域寻找停车位，而这些区域停车位总是满的。但偏僻区域的停车位却总是闲置着，使这些区域的土地不能得到充分运用，以获得社会价值。正是由于这些顾客开车来购物，才造成这些停车场被授权修建得如此之大。

关心自己的行为是否会破坏环境是一件好事，但是明白环境不仅仅是我们呼吸的空气，同样是一件好事。污染空气是环境问题，拥挤的人行道和空旷的停车场也是环境问题。建立类似于地球通行证的系统，以更广阔的视角看待这些问题也许才是我们更应该做的！

或许更好的方法是，为停车制定合适的价格。正如肖普教授指出的那样，我们已经为停车付出了高昂的代价。并非所有的人都能意识到这一点，因为我们是以间接而不是直接的方式支付代价，在我们作为消费者、投资者、员工、居民和纳税人等角色的时候，已经把这些高昂的代价支付了。相反，如果我们能够直接对汽车司机这个角色进行征税的话，人们就会有动力去保护那些潜在的稀缺资源，即停车位。当然，任何关心环境的人都会发现这个目标还很遥远！

我与巴诺书店的贸易逆差

巴诺书店的旗舰店终于落户纽约州的皮茨福德市，就在隔壁的布赖顿镇，距离我家仅一英里之遥，这一点令我欣喜不已。我每周都要去巴诺书店几次，主要是买书，有时是买磁带，偶尔买软件，但几乎每次都要喝一杯咖啡。

我和皮茨福德市之间的贸易赤字自从巴诺公司进驻之后就开始爆炸式增长。换句话说，我在皮茨福德市花的钱比以前多多了。贸易赤字指人们在特定地点的支出与在该特定地点获得的收入之间的差额。我在皮茨福德市没有任何收入，所以我的贸易赤字就等于我所花的钱。

我一直关注与贸易逆差相关的话题。今天早上拿起当地报纸，看到一篇关于美国与墨西哥贸易赤字的专栏文章。文章说，实施北美自由贸易协定之前，美国与墨西哥之间是贸易顺差，即美国人平均从墨西哥赚的钱要比在墨西哥花的钱多。今天的情况正好相反：美国与墨西哥之间是贸易逆差，而且赤字还在增长。

根据这篇专栏文章，如果没有北美自由贸易协定，美国人会过得更好。但如果按照这样的逻辑，在没有巴诺书店的情况下我也应该过得更好。很显然，这个结论不仅是错误的，而且正好与"真相"相反。当人们可以利用新的机会购买他们想要的商品时，通常会让他们变得更加快乐。

事实是，在我们与墨西哥贸易地位之间的任何方向的变化，对，任何方向的变化，都是自由贸易有利于美国人的证据。比如，我的邻居在巴诺书店找到了一份工作，他对皮茨福德的贸易顺差就会增长，就像我自己的贸易逆差会增长一样。在这两种情况下，这些变化都意味着我们的生活变得更好！

同样的类比也可以说明另一点：尽管北美自由贸易协定引起美国与墨西哥之间贸易地位的变化，但贸易逆差的数量水平并不能说明什么问题，反而是我们的生活得到改善的证据。如果巴诺书店的新店是建立在彭菲尔德市，而不是皮茨福德市，我与彭菲尔德市的贸易逆差就会增加些，与皮茨福德市的贸易逆差就会减少些，但我的生活并不会发生什么改变。

更有趣的数字是我的总贸易赤字——我的总支出与总收入之间的差额。我昨天的总贸易赤字水平相当高：我买客厅的地毯花了600美元，但我的收入为0元（昨天是星期天，我不想工作）。

MORE SEX IS SAFER SEX
反常识经济学4：
性越多越安全

我的总贸易逆差是 600 美元。

传统上，商业记者习惯于将贸易逆差的每一次增长都形容为"恶化"。依据这一观点，我昨天过得应该很糟糕。但实际上并不是，昨天我过得很开心，我喜欢我的新地毯，我认为若是等到挣够了钱再来买它会让生活很不方便。

当美国的整体贸易赤字增加时，这意味着美国人的平均支出比他们的平均收入要多。这可能是我们邻居的愚蠢行为造成的后果，也可能只是因为我们忽然明智地意识到，有时花的比挣的多也是挺好的——当然，这样会导致我们储蓄的降低。

无论如何，愚蠢的过度贸易顺差比愚蠢的过度贸易逆差更危险。这是因为过度的贸易逆差可以自我限制：如果我们每年都有贸易赤字，破产的威胁最终会迫使我们停下。但过度的贸易顺差可能会永远持续下去。持久的贸易顺差往往意味着，要么我们工作太努力，要么我们消费太少，不管怎样，我们都没有得到足够的生活乐趣。

当读到美国的总体贸易逆差时，我们需要记住的最后一点是：国家不过是单个家庭的总和。我们需要关心其他的家庭，但对其他家庭的关心应该是有限度的。即便我们可以确信美国人平均花费太多，或者收入太少，或者支出太少，或者赚得太多，但不管什么结果，这些和你没有任何关系。你只要维护好自己的家庭就够了，为邻居的消费习惯而烦恼，就像为他家客厅地毯的颜色而烦恼一样，多余而无聊。也许石灰绿是个错误的选择，但需要承担错误后果的是邻居。

外包寓言的寓意

曾经有人发明了一种新的、更便宜的方法来分析核磁共振数据，医疗费用得以下降，更多的人得到了更好的治疗。这项发明使一些放射科医生失去工作，但这些医生可以通过再培训，进入其他更能够展现其才智的专业领域。

我们的发明家被誉为民族英雄、新时代的托马斯·爱迪生，放射科医生却开始抱怨，但几乎所有人都认识到，没有这种"错位评价"就不会有社会的进步，正如制蜡商曾经抱怨爱迪生的电灯泡一样，但其他人都称赞它。

很快，这位著名的发明家就收到来自全国各地的核磁共振数据，并通过他那神奇的新型分析机器进行分析。这种机器的运作方式被盖上一层神秘的面纱，直到有一天，一位调查记者找到发明家心怀不满的前助理，才得知所谓的"大发明"只不过是一台能上网的笔记本电脑，而这种笔记本电脑市场价只有600美元。这位"大发明家"用这台能上网的电脑将数据发给亚洲的放射科医生进行分析。这些亚洲的放射科医生薪酬很低。他们将分析报告以邮件的形式发送回来,被"大发明家"以神奇机器输出的结果的名义再高价转卖。

整个国家被激怒了。这个人根本不是什么发明家,充其量只能算个外包商!之后,美国所有的放射科医生都失业了!纽约州的参议员查克·舒默在《纽约时报》上写了一篇专栏文章,哀叹外包商的邪恶,并以放射科医生的命运作为他的主要例证。

不知道为什么,大家都选择忽略这样一个事实:核磁共振数据无论是被发送往亚洲,还是在发明者的台式机上进行分析,其实并没有什么不同。外包的优势与神奇发明的优势完全相同。但在他们急于遏制外包的罪恶时,所有人都失去了这些优势。

当然,这只是一则寓言,由北卡罗来纳大学的詹姆斯·英格拉姆教授在很久以前写的一则寓言改编而来。但这个寓言并非全部出于虚构。比如,在不久的将来,亚洲的放射科医师的确能够以比目前成本低得多的价格分析互联网上的核磁共振数据;再如,舒默参议员最近确实在《纽约时报》上发表了一篇谴责发展这一事业的文章,因为这意味着美国将有更多的放射科医生失去工作。

除了一群如果还想保持对社会有用,必须进行再培训的高薪专家之外,还有谁能预想到一位民主党参议员会反对减少医疗费用这一对每个人都有好处的行为?在同一篇文章中舒默参议员说,年薪15万美元的美国软件工程师，面临的亚洲竞争对手的年薪只有2万美元，而他们可以胜任完全相同的工作。可以肯定的是，消费者将受益于这种竞争，具体金额，平均而言远低于15万美元。参议员并没有替消费者们欢呼，而是站在少数高薪专业人士的立场，为维护他们的高薪而努力，尽管他们工作的领域已经不再需要他们的技能。

很显然，舒默参议员并不明白这则寓言的寓意。这则寓言的寓意是：从经济的角度来看，将工作外包出去与发明一项新技术完全一样。把问题送到国外，解决之后再送回来，与把问题输入一台新机器，解决方法就会自动输出来一样，都是极好的！新的贸易模式和新发明一样，都可能需要一些社会调整，但收益几乎总是大于成本。如果我们可以为进步而欢呼，那么我们就应该为贸易而雀跃！

新种族主义

在距今不算太久的美国历史上有一个时期，各政党的党纲宣言中曾包含这样的内容："联邦政府的合同，只要有可能，应该优先提供给白人工人。"政客们还要求税收减免，以奖励雇用白人而非黑人的公司。同样是这一批政客还支持所谓"知情权"的立法，要求产品供应商在产品标签中提醒消费者,商品是否由"正确的"(白人)工人生产。他们的口号是"买白人生产的产品"!

当我说"不久前"这种事情还很常见时,我指的确实是"不久前"的事,距今没有多长时间。以上信息是我最近从约翰·克里的网站上得到的,除了一些无关紧要的道德差异之外,一字不差。唯一的变化是我将克里口中的"美国人"替换成了"白人"。

在这里,我并不是要说只在克里参议员或民主党人身上存在这样的问题。两大政党以及主要小政党的内部,都爬满了主张贸易保护主义的漂泊者,他们歧视不同国籍的人,这一点的恶毒程度丝毫不逊于戴维·杜克或者其他公开的种族主义者歧视不同肤色人群的行为。如果种族主义者在道德上令人厌恶,那么仇外心理令人生厌的原因也完全相同。

有人可能会说,等一下,美国政府不是应该由美国人选出来为美国人服务的吗?确实,政府存在的首要意义不就是表达本国公民的意愿吗?美国军队保护本国国土与保护其他国家国土相比肯定更投入、更积极。我们在地图定位方面对冰岛也采取了歧视性政策,相比冰岛首都雷克雅未克,我们对美国州际公路的定位更详细、更准确,使用更方便。既然美国可以这样做,那么美国政府的政策为什么不能以牺牲外国人的利益为代价来造福本国工人呢?

当然，美国政府是由美国人选出来为美国人服务的。历史上也曾经有一段时间，南方的许多州长说，他们是由白人公民选举出来的，应该为白人公民服务。历史是惊人的相似，但这并不意味着，侵犯其他人权利是可以的！

至于国防和州际高速公路，这些都是伟大的公共事业。我们通过交税来支付它们的成本。那些支付成本的人应该从中获益，是有道理的！美国军队保护美国人而不是秘鲁人，就像汉堡王的汉堡为汉堡王的顾客提供服务，而不是为麦当劳的顾客提供服务一样，这再合适不过了！

但劳动力市场与此完全不同！当通用汽车公司在美国雇用一个底特律人，或在华雷斯城雇用一个墨西哥人时，我们都没有为此买单。所以，这根本就不关我们的事，也不应该关我们什么事！

在我看来，这个真理不言而喻：底特律的陌生人并不比华雷斯城的陌生人更加值得关心。当然，两相比较，我们更关心与我们更亲近的人，就像关心家人胜过关心朋友，关心朋友胜过关心熟人一样。但如果谈论的都是完全陌生的人的话，应该将他们都置于相同的基础之上。曾经，我听到美国人说："我更关心美国人，而不是墨西哥人，因为我和美国人有更多的共同点。"如果你碰巧是个白人，你也可以说你更关心白人陌生人，而不是黑人陌生人，因为你和白人有更多的共同点。但这些可以作为惩罚雇用黑人的公司的理由吗?

无论如何,保护主义难以行得通。法律旨在"保护"的美国人可能要求提高工资,但他们提高工资进而导致商品价格提高的后果,却由所有人共同承担,我们买他们生产的产品越多,我们的生活变得越糟。这一事实的证据(这的确是事实,而不仅仅是个经济学观点,与达尔文在生物学的范围内建立的进化论观点不同,它是严格的事实,而不是"猜想")可以在任何中级微观经济学教科书中找到。关键在于认识到,发现新的贸易伙伴与找到新的技术一样,都可以使我们获利。我们的核磁共振成像数据由印度人在互联网上进行分析,与通过笔记本电脑上的新软件进行分析,并无本质区别。如果技术能让我们变得更加富有,那么贸易也一定如此!

但那份旨在说明贸易保护主义同样可以使美国人受益的观测报告,与我这里的观点是完全契合的,因为,无论是克里版的贸易保护主义,还是纳德版的贸易保护主义,抑或是布坎南版的贸易保护主义,只要是以牺牲外国人的利益为代价来改善美国人生活的做法都是错误的。

如果你支持贸易保护主义,是因为你认为这对你有好处,那么你可能学了"假经济学"。但如果你支持贸易保护主义,是因为你认为这样对你的美国同胞有利,即便以牺牲外国人的利益为代价,那么在我看来,你的道德也是"假道德"。

当然,本书应该是本经济学方面的读物,而不是道德方面的,你的道德标准也可能与我的完全不同。但请让我暂时放纵一下,试想:如果我们可以通过否定外国人获得生活的权利来丰富自己的生活,为什么我们不能够通过侵略和平的国家,并攫取他们的资产来中饱私囊?大多数人并不认为这是个好主意,不仅仅是因为它可能会适得其反,更重要的原因是因为我们相信人类有人权,不管他们的肤色和他们住在哪里。窃取别人的资产是错的,窃取别人生活的权利同样是错的,无论受害者出生在哪里!

第15章　生死攸关

2006年，达拉斯的报纸曾报道，在贝勒地区医疗中心进行治疗的一位叫迪哈斯·哈柏特格里斯的27岁病人，由于付不起医药费，被摘掉了呼吸机。据报纸报道，医院给了哈柏特格里斯女士10天的缓冲期以支付医药费，然而，10天后账单还是未付，医院在第11天时拔掉了她的生命维持仪器。15分钟后，哈柏特格里斯女士去世了。

博主们，尤其是《每日科斯》上一位叫"尤卡坦人"的博主，惊怒于报道的事实：医院竟然出于"经济因素"而不是出于"同情"，拔掉了哈柏特格里斯女士的氧气管子！不久，贝勒地区医疗中心在回应声明中否认经济因素在其中扮演了任何角色，在该决定的形成过程中，没有考虑任何的成本效益分析。

我虔诚地希望贝勒的否认是一个谎言。"成本效益分析"毕竟还是"考虑后果"的花哨说辞。什么样的道德怪物才会不考虑后果地把一个病危中女人的呼吸机拔掉呢？

关于拔掉哈柏特格里斯女士的呼吸机，我们可以想到的原因之一是：为别的人提供呼吸机。对别人的需求越在意，就越容易拔掉她的插头，这就是成本效益分析。如果你不相信我的话，你可以和那个受益者的亲戚联系来验证下，这也是表达同情的一种方式。

同情和经济考虑永远不会冲突，因为它们都是为了满足人们的需要。例如，如果你问别人，特别是问穷人，他们最需要的是什么，你会发现"保证可以使用呼吸机"在需求名单上的排位很低。好吧，实际上我并没有做过调查，但我敢打赌，类似牛奶之类的东西，排名将比"保证可以使用呼吸机"高很多。

我这里说的"保证可以使用呼吸机"，不是指签订一个需要每月交"保费"的正式合同，而是指对整个社会的一个承诺，一个即便人们支付不起账单，但依然可以使用呼吸器的承诺。"尤卡坦人"等博主们想当然地认为，一个富有同情心的社会必须提供"保证可以使用呼吸机"的承诺，但我的观点与此正好相反。

我潜在的意思是：对于整个社会来说，一个人一辈子的呼吸机保险费用大概在75美元左右（我得到这个数字的方法是，以呼吸机的价格乘以人们最终需要呼吸机的概率）。我猜，如果在哈柏特格里斯女士21岁生日的时候，我们让她选择75美元的礼物，她一定不会选"保证可以使用呼吸机"，她可能会选择价值75美元的生活用品，可能选择一双新鞋，也可能选择下载几十首苹果音乐，但一定不会选择"保证可以使用呼吸机"。

给别人错误的礼物不能算是有同情心。给喜欢牛奶和鸡蛋的人提供呼吸机保险是没有任何同情心的。有人甚至可能会说，忽视他人的喜好恰恰与同情相反。

对于富人应该向穷人提供多少帮助——无论是自愿地还是通过税收系统——存在很大分歧。但无论我们做什么，都应该把钱花在最有需要的地方。

因此，在呼吸机与牛奶、呼吸机与免税、呼吸机与对外战争之间进行权衡没有任何用处。我们应该花更多的钱来帮助穷人是一码事，我们目前的支出应该更有效则是另一码事。

《每日科斯》的博主们要求我们为那些负担不起医疗费的人提供呼吸机支持。同样的成本，我们可以让每个人在呼吸机保险和75美元现金之间进行选择。如果事实证明我是错的，他们都想要呼吸机保险，我无话可说。但我们至少应该问问他们！

哈柏特格里斯女士可能一开始选择现金。但生病之后，开始后悔自己的决定。然后，我们社会作为一个整体，又会回到完全相同的境况，依然需要再决定是否继续为哈柏特格里斯女士买单，以使她多存活一段时间。

在这一方面，人类有一种强大的生物本能来拯救他们。更准确地说，是有一种强大的生物本能要求别人来拯救他们（我猜人们一旦从哈柏特格里斯女士的案例中醒悟过来，《每日科斯》上就不会再有人要求为穷人提供呼吸机资金支持）。尽管如此，我们还是必须做出选择。帮助每一个需要呼吸机的人得到呼吸机的政策，也是在其他方面减少帮助同一阶层人群的政策。我宁愿选择以其他方式帮助他们。

当我在《石板》杂志上长篇大论发表我的观点时，罗伯特·弗兰克在他《纽约时报》的专栏上批评我"完全忽视同情心、同理心等道德情感"。弗兰克教授认为政府应该为穷人提供呼吸机服务，但政府不能只说提供更多的呼吸机服务，却不购买更多的呼吸机。所以，弗兰克教授观点的本质是：如果他花100万美元帮助穷人，他会把钱全花在几个呼吸机上。要是我，我会选择花在牛奶和鸡蛋上。

值得注意的是，弗兰克教授承认，大多数穷人会更喜欢牛奶和鸡蛋，但他仍主张政府提供呼吸机服务，理由是这样会让我们感觉更好！但忽视他人的需要，就为了让自己感觉更好，还能算

第15章 生死攸关

是同情心和同理心吗？

"经济考虑"从含义上讲，是试图给人们提供他们最看重的东西。换句话说，只有出于经济考虑，才是真正的慈悲心肠！

许多年前，诺贝尔奖获得者托马斯·谢林曾质问，社会团体为什么有时候愿意花费数百万美元来救治一名"知名"的受害人，比如说一名被困的矿工，却不愿意花费哪怕20万美元用于高速公路护栏的维护，这些护栏平均每年可以拯救一个生命。他的答案是要区分"确定的生命"（比如被困的矿工和哈柏特格里斯女士）和"统计意义上的生命"（比如某个不知名的护栏的受益人）。罗伯特·弗兰克接受了这种区别的存在。出于某种原因，与"统计意义上的生命"相比，我们更应该关心"确定的生命"。不知怎么的，这些反倒成了给更喜欢牛奶的人们呼吸机的正当理由。

但"统计意义上的生命"和"确定的生命"之间的区别是不连贯的，在道德上是说不过去的，是不可能维持的。首先，它是不连贯的："统计意义上的生命"和"确定的生命"的连接点在哪？它们在哪里开始相互转化？我刚听说有一名矿工被困在西弗吉尼亚州，这时，我对他一无所知，所以我认为他是"统计意义上的生命"。那么，什么时候"统计意义上的生命"会转化为"确定的生命"？当我知道他的名字的时候？当我知道他孩子名字的时候？当我得知他住在哪个城镇的时候？没有明确的界限。

有人可能会说，在被困在矿井里的时候，他就是"确定的生命"，但那同样是武断的。基本可以确定，昨天在西弗吉尼亚州矿山工作的万人中，至少有一人最终会被困住，我不知道那个人会是谁；今天我知道有一个矿工被困住了，我同样不知道他是谁。这两种情形看起来没有什么不同。

同样的道理，我可以提前知道，肯定会有很多人今年需要生活补助。我愿意为提供这种补助而支出。根据谢林教授和弗兰克的观点，这些人是时候转变为"确定的生命"了，但具体是什么时候？当我知道他们名字的时候？还是当我知道他们孩子的名字的时候？

除了不连贯，"统计意义上的生命"与"确定的生命"之间的区别在道德上是说不过去的。两个陌生人相比，为什么我应该更关心那个我仅仅因为碰巧知道他名字的，或符合其他任何你认可的标准的陌生人？如果给我100万美元，让我在两组陌生人之间选择拯救对象，第一组是一个陌生人，我了解他的一切，他需要呼吸机（确定的生命）；另一组是10个陌生人，被困在矿井中，我对他们毫不了解（统计意义上的生命）。我每次都会选择营救这10个"统计意义上的生命"，而不是那一个"确定的生命"。否则，我将受到道德上的谴责。

第 15 章 生死攸关

是的，人类有一种强烈的本能：将资源倾注到自己了解的人身上。我甚至觉得自己已经知道这种本能的进化过程：在人类历史的大部分时间里，我们最了解的往往是自己最亲密的亲戚。但在互联网时代，这不再符合事实，就像穴居人向激怒自己的人扔粪便这种本能已经过时一样，更偏好"确定的生命"这种本能也已过时。

最后，"统计意义上的生命"与"确定的生命"之间的差别不可能维持，即便我们希望如此。我们不能因为营救对象不确定，就连 20 万美元也不愿意花费，也不能因为营救对象确定，就哪怕救不了也要花费超过 1000 万美元。这样的政策不合理，因为所有原先不确定的生命最终都会变成确定的生命。如果我们只愿意为每人花费 20 万美元提供呼吸机（我们了解到他们在今年晚些时候会用到），但在知道他们姓名之后就愿意为每人提供 1000 万美元的帮助，那么我认为，我们一开始就应该同意为他们每人提供 1000 万美元的帮助。

从本质上是说，按照"确定/统计生命理论"，在营救三条性命和一条性命之间，如果恰巧那三条性命不为我们所了解，我们就应该优先考虑营救那一条我们了解的性命。这不是我想要的，我希望我们生活在这样一个世界里：人们以别人需要的方式帮助别人（尤其是贫困人口）；他人生命的价值不取决于我们是否恰

MORE SEX IS SAFER SEX
反常识经济学4：
性越多越安全

巧知道他们是谁。①

假设有一种有毒化学物质，致人死亡的概率为百万分之一。如果释放这种有毒物质可以为大家节省 5 美元税款的话，我可能不会这么做；如果释放这种有毒化学物质可以为大家节省 20 美元税款的话，我很可能会这样做。

之所以我会这么做，是从大家利益的出发点考虑这个问题。以这样的风险程度，我基本可以知道多数人宁愿更安全些，也不要那 5 美元，但如果是 20 美元的话，多数人可能更愿意冒一冒险。

我知道这一点，是因为经济学家已经养成了观察人们选择的习惯。例如，人们为了进入更安全的工作岗位，而愿意接受一定幅度的降薪。在此基础上，哈佛大学法学教授基普·维斯库斯估计，美国人为了避开百万分之一可能被杀的机会，平均愿意支付约 5 美元。对于蓝领女性来说，这一金额接近 7 美元，蓝领男人甚至更高。（没错，蓝领阶层比白领阶层更重视安全，愿意为之支付更多的金额。目前还不清楚背后原因是什么，但数据显示就是

---

① 许多优秀的经济学家都试图论证：营救一个如果不救 100% 会死掉的生命，比营救 100 个有 1% 的可能会死掉的生命更有价值，并将之作为"确定/统计生命理论"的支撑。我认为这是不正确的，并在我的网站上从技术层面解释了原因，网址为 http://www.landsburg.com/lives.pdf。

这样。）

经济学家通过总结维斯库斯教授的研究结果发现，普通美国人生命的价值约为500万美元。衡量生命价值的方法还有很多，比如，化学家可通过计算构成人体的化合物的市场价值来估计生命的价值；会计可以通过计算人们未来收益的现值来估计生命的价值；神学家可能会说，人的生命无价。根据你要解决的问题，任何一种计算方法都可能是相关的。然而，当你致力于如何让人们更幸福时，经济学家的计算方法通常最重要。

生命的价值大概在500万至1000万美元之间。我们暂且将之定为1000万美元。但这并不意味着你可以以这个价格把你的生命卖给我，我怀疑你得卖10次才能得到这个价钱。这只是衡量人们为了避免小风险而愿意支付多少钱的一种方法。但对于很多政策问题而言，这正是我们需要去衡量的。

如果金刚会在3亿美国人中杀死300人，也就是说你将有百万分之一的机会成为受害者。如果我们能以一只价值3亿美元的"美人猿"阻止他，也就是说，每条生命值100万美元，平摊到每个人身上就是：每人的税收账单上只需要增加1美元。这是一笔好买卖。

但如果阻止金刚需要花费300亿美元，那让他大肆破坏可能是更好的选择。因为300亿美元平摊到每个人身上就是100美元，依据维斯库斯教授的研究，没有人愿意为避免百万分之一的风险支出这么高的金额。我们尊重大家的选择，就不得不让金刚肆意地破坏——在一个"巨猩"横行的世界里，我们也应该尽量让每一个人更快乐。

事实上，我们并没有受到"巨猩"的威胁，但我们受到了恐怖分子、交通事故、街头犯罪和环境灾难的威胁。一个理性的政府应该在减少这些风险方面花多少钱？答案是：花人们想要的那样多就好，并不是越多越好。粗略估计下，大概是每人1000万美元。

噼噼啪啪，全国公共广播电台知名节目《车迷天下》下设的挺杆兄弟公司（一家汽车相关App的研发公司），已经无法处理这些计算结果（译者注：关于"禁止司机使用手机"这一话题的点击量）。挺杆兄弟公司已经向司机开车时使用手机的现象宣战。其武器无非是道德说教，随意支持一些缺乏逻辑的言论和谎言。挺杆兄弟（真实姓名：汤姆和雷·麦格里奥兹）的目标不仅仅是劝说司机，还要劝说立法者，在所有50个州中禁止司机开车时使用手机。到目前为止，他们目标的实现情况还是零（尽管一些州已经颁布司机打电话只能使用"免提"的法律）。

开车时打电话可能致命。在这一点上，有很多证据，毫无疑问。手机的使用会使事故发生的风险提高近400%。但那又怎样呢？"开车时说话可能致命"与"开车时说话不好"完全是两回事，从"开车时说话可能致命"到"开车时说话不好"是一次巨大而毫无根据的飞跃。毕竟，很多事情都是致命的，但并不坏。以驾驶为例，开车（而不是待在家里躺在床上）会使事故发生的风险提高超过400%，但目前为止，还没有人提议禁止驾驶。

这可能是因为人们认识到开车的收益大于成本，尽管这些成本中包括全美国每年成千上万人的死亡（而且这些成本并不完全由受益的人承担）。挺杆兄弟没有建议禁止驾驶，说明他们含蓄地承认，成本效益分析是合法公共政策的基础。所以我们可以合理预计，挺杆兄弟应该欢迎对司机使用手机的成本和效益进行分析，至少应该将之作为讨论的起点。但是，当有人提出进行这一分析时，挺杆兄弟却以尖酸刻薄的言论和谎言作为回应。

这一分析得到布鲁金斯学会的经济学家罗伯特·哈恩、保罗·泰特洛克和杰森·伯内特等人的认可，他们认为司机使用手机确实致命，但总的来说依然是一件好事。就个人而言，我不相信这一论断，原因在后面的篇幅中我会介绍，但至少他们在认真尝试分析一个棘手的问题。挺杆兄弟认为自己受到了这一言论的冒犯。只要发现有人认真思考这一问题，他们都会这样想。所以，他们在自己的网站上这样诋毁布鲁金斯学会的研究："这只是一项

MORE SEX IS SAFER SEX
反常识经济学4：
性越多越安全

经济学研究，眼里只有开车打电话对经济的巨大促进作用（并没有考虑到交通事故带来的人员受伤、死亡和痛苦，而这才是最重要的）。"

但事实正相反，哈恩、泰特洛克和伯内特的研究对象就是与手机使用相关的交通事故造成的伤害、死亡和痛苦等后果。研究人员估计，每年由司机使用手机造成的交通事故，将造成约300人死亡、38000人受到非致命伤害、20万辆车辆损坏的后果。他们的目标是，将这些成本与使用手机的司机可获得的利益进行权衡。

挺杆兄弟在给《纽约时报》的信中提到一位名叫摩根·李的小女孩，她只有两岁半，是每年300个死亡人数中的一个。他们问道："哈恩先生如何给小女孩的可爱、清纯定价？经济模型中如何衡量由不折不扣的自私造成的痛苦和眼泪？"如果挺杆兄弟强忍着厌恶读一读这篇研究的话——他们都是麻省理工学院的毕业生，这篇研究并没有超出他们的认知能力——就会找到答案：价格是660万美元。这一结果基于基普·维斯库斯的分析，这一标准被广泛使用于公共政策的制定（如果谈论的是金刚的话，我会建议将这一价格调整为1000万美元）。

如果将一元钱的价值看得比人的生命还重要，会使你觉得自己很冷血，那么，你还没长大。每次花一元钱购买糖果的时候，

第15章 生死攸关

其实你暗含的意思就是一元钱的价值比人的生命还重要，因为那一元钱本可以捐给当地的消防部门。无论是谁，愿意花费在拯救别人生命上的资金都是有限度的，唯一的问题是我们是否愿意诚实地思考这个极限在哪里。维斯库斯没有思考自己的极限，而是通过观察别人的行为，来衡量别人的极限。这就是660万美元这个价格的来历，是根据真实情景中真实的人为了保证自己的安全愿意支付的金额得出的估计值。

通过将死亡定价为660万美元，再加上受伤人员和车辆损失的成本，哈恩教授和他的同事们估计，每年由于司机使用手机引发交通事故而造成的损失大约为46亿美元。这就是允许司机使用手机的成本。这一成本相当高昂，但并非所有昂贵的东西都是坏的。为了弄清楚它是否有害，我们必须权衡它的成本和收益。

以下是如何衡量相关收益的方法：使用手机的收益等于我们愿意为之支付的价值，减去我们实际为之支付的价值。愿意支付的价值要依据需求理论来估计（又要老生常谈，分析哪些电话更重要了）；实际支付的价值当然来自现实生活中购买手机的账单。依据这一计算方法，哈恩和他的同事们得出结论，司机使用手机每年可以带来250亿美元的收益。250亿美元的收益与46亿美元的成本相对比，所以，哈恩和他的同事们认为，司机使用手机最终还是件好事。

对于这一结论我并不认可，原因很多。首先，很多电话司机完全可以等到休息时再打。这些电话带来的好处不应该计入开车时打电话的收益中，因为即便禁止司机开车时打电话他们依然可以获得这些好处。所以，哈恩等学者在他们报告的最后部分承认，开车时打电话的真正收益可能远远低于250亿美元，但他们依然认为这一收益大于46亿美元。当然，这只是他们猜测的结果。

此外，哈恩等学者在成本计算方面忽略了一个重要的潜在因素：他们计算了死亡人数，计算了受伤人数，计算了财产损失，但没有考虑对那些选择不开车的人造成的不便，这也应该计入允许开车打手机的成本，因为这使得驾驶变得更加危险。这些人既没有丧命，也没有受伤，所以不会出现在统计数据中，但他们确实承担了部分成本。

所以我不确定允许开车时打电话到底是件好事还是坏事。但我与挺杆兄弟不同，在促进立法之前，我会认真思考这些问题。

这些数字确实很关键。假设在修改哈恩等学者的结论之后，发现禁令中的成本变了，比方说，是100亿美元，那么，挺杆兄弟等人一直追求的禁令到底会带来什么？司机们放弃了100亿美元的收益，从而避免了300人的死亡（以及其他受伤人员和财产的损失）。这不是一笔好买卖，即便以事故中丧命的人的标准看

第15章 生死攸关

来,也是这样。以这样的高价,多数人宁愿成为那不幸的300人中的一个,也不愿放弃使用他们的手机。

另一方面,颁布禁令的成本可能只有10亿美元。在这种情况下,禁止开车打电话是件好事。因此,对这些数字进行正确的计算非常有价值。哈恩和他的同事们至少在这个方向上做了一次大胆的尝试,我们希望更细致的研究能够随之而来。

两百多年前,一位名叫威廉·布莱克斯通的律师宣称,宁愿让10名罪犯逃脱处罚,也不能让一位无辜的人遭受痛苦。为什么是10个?而不是8个或12个?因为布莱克斯通说是10个,所以就是10个(没什么理由)。在说了那样一句话后,布莱克斯通公然拒绝就设立刑事审判体系的利弊进行权衡。

当然,对无辜者定罪是件坏事,我们都知道这一点,就像都知道放过罪犯同样是件坏事一样。困难的部分是,为了避免错误的定罪,我们能接受多少错误的有罪释放。到底是10、12还是8,这个数字很关键。因为每次重写刑事法令或修改证据规则,我们都需要调整相关条款以回应这种权衡调整,所以思考清楚这种权衡的目标结果很有意义。

这意味着需要考虑成本。对我们来说,错误定罪的成本是我们可能成为那个不走运的进了监狱的无辜者。有罪释放的成本是

MORE SEX IS SAFER SEX
反常识经济学4：
性越多越安全

我们可能在路上与刚刚被错误释放的罪犯狭路相逢。两者都会给我们带来一定的风险，"10个有罪释放"的标准带给我们的是一定程度的风险，"5个或100个有罪释放"的标准带给我们的是另一程度的风险。适当的标准需要符合我们的风险偏好程度（这里的偏好指最低程度的不喜欢）。由于我们必须遵守同样的规则，所以更好的标准是我们大多数人都能接受的标准。

这样看来，"10人有罪释放"标准看上去过于严格了。在谋杀案中，"10人有罪释放"意味着，我们可能与被释放的谋杀犯相遇10次。错误的有罪判决意味着我们每人都可能被送上电椅（最坏的情况）。这两种情况我们都不喜欢，但必须选一个的话，我宁愿选后者。虽然我可能是错的，但我敢打赌别人也会这么做。我希望我们都能对更少的有罪释放更感兴趣，比如说"3人有罪释放"的标准。只要我们有75%的把握可以证明某人有罪，我们就应该判决某人有罪。四次判决中，我们可以基本保证有三次是对的，一次是错的，并且每一次的"赔率"我们都可以接受。

有些案件中，我们可以保证80%、90%，甚至95%的可能性不出错，对于这样的"赔率"我们应该更加满意。合理怀疑的临界点是我们发现，这样的"赔率"不可接受。

当然会有不明事理的人说："不，只要有可能把一个无辜的人

第 15 章 生死攸关

送进监狱，我就永远不会满意。"我们也可以用同样不明事理的方式回答："好吧，只要有可能释放一个真正的杀人凶手，我也永远不会满意。"除非我们完全废除刑事司法，或者是先发制人地监禁全部人口，否则这些标准都无法得到全部满足。人人都会犯错误，我们无法彻底消灭错误，我们应该认真思考的是，什么样的错误组合最可容忍。专门研究一种错误通常是次优的。如果你从来没有错过一次飞机，那么你在机场待的时间肯定很长；如果你从来没有冤枉过一个人，那你肯定错放过很多坏人。

因此，如果所有的警察都是诚实正直的好警察，75% 这个合理怀疑的标准应该得到我们的认可；但如果警察（或其他司法、执法人员）并不那么诚实正直，有时甚至会编造证据针对他们不喜欢的人（或者不积极寻找证据，以避免有人被当作替罪羊）的话，75% 这个合理怀疑的标准就不那么值得认可了。这使我有种冲动，想将这一标准定得更高些，就像布莱克斯通认为的那样，定位在 90%。所以，他可能本来就是对的，如果这真是他认真思考的结果的话，这一标准可能比我们想象的还要好。

如果可以处决杀人犯，我们为什么不把制造电脑病毒的人也一块处决掉？依据我的计算结果，这将更有利于经济的发展。

首先，处决一名杀人犯的价值是多少？比较高的估计是，每

285

MORE SEX IS SAFER SEX
反常识经济学4：
性越多越安全

处决一名杀人犯可以阻止 10 起谋杀案的发生（我见过的最高估计是 24 起，但经济学文献中最接近于一致的估计是 8 起）。每条生命的价值，我们还是往高里估计，假设为 1000 万美元。因此，处决一名杀人犯可以救 10 个人（有点高），每个人的价值大概为 1000 万美元，所以处决一名杀人犯可以获得 1 亿美元的收益。①

将这一收益与处决制造电脑病毒、木马病毒的"坏家伙"的收益相比较。我建议叫他们"病毒制造者"。据估计，制造病毒及相关活动每年将造成 500 亿美元的损失。

我明确一下，当我说"据估计"时，是指网上有人这么说。有很多理由可以相信这一数字被严重夸大，尤其是考虑到受害公司在保险索赔时往往夸大自己的损失。但为了讨论的方便，我们还是暂用这个数字，以后可以再修改它。

考虑到 500 亿美元这个数字，我们只要每年阻止 0.2% 的病毒制造，就可以获得处决杀人犯的那 1 亿美元的收益。所以，任何超过那 0.2% 的成果，或者任何比上年做得稍好的方面都是纯收益。

处决病毒制造者的好处如此之大，那成本呢？执行处决的成

---

① 如果认为我高估了处决杀人犯的威慑作用，那就把它向下调整，然后相应的论点就会变得更强，而不是更弱。

第 15 章 生死攸关

本是一个生命——通常是一个罪犯的生命,但偶尔也可能是被误判的无辜生命。问题的关键是:两者哪个更有价值?是被定罪的杀人犯的生命重要,还是被定罪的病毒制造者的生命更重要?

应该是后者的生命更有价值。与谋杀犯相比,病毒制造者更容易被教化,从而改变,而且他们有更多的技能可以为社会做有益的贡献(当然,也可能与此相反,这些技能会被继续不良使用)。之所以会如此"偏向"于病毒制造者是因为,我们以 1 亿美元来衡量病毒制造者的价值,而以零来衡量谋杀犯的价值(之前是以 10 条命来衡量的)。

这样当然更让我们不愿意处决病毒制造者。尽管如此,处决病毒制造者的积极意义仍然大于处决谋杀犯。设想一下,如果处决一个病毒制造者可以防止价值 2 亿美元的计算机公共资源被破坏的话,那么,之前讨论的他们的生命值 1 亿美元也就不算什么了。这也仅仅是计算机病毒每年造成损失的 0.4%,这是个我们尚未逾越的障碍。

结论:只考虑经济方面的成本收益的话,我们应该更快地处决病毒制造者,而不是谋杀犯。当然,现实生活中我们并没有这么做,这又是为什么?

一个可能的答案是:有些东西不可能被简化成数字。比如人的生命,谁会在乎经济学家将人生命的价值定为 700 万、800 万或 1000 万美元？我们或许会发现当这些数字被经济学家以某种抽象的方式展现出来的时候很有趣，但对制定一项合理的公共政策并无助益。

这个问题的问题就在于它本身是错误的。如果能够阻止一场谋杀案的发生，我们所有人都会变得更安全些：我们成为凶杀案受害人的概率将下降三亿分之一（美国人口总数为3亿）。如果我们处决一个谋杀犯，并阻止 10 次谋杀案的随机发生，那么我们的安全指数就会增加 10 倍：我们成为凶杀案受害者的概率会减少为三千万分之一。当我们说人的生命值 1000 万美元时，我们准确的意思是，人们愿意拿出 1000 万美元的三千万分之一，大概是 33 美分，来换取额外的安全（实际上，人们愿意支付的金额要比这一金额少一些，因为每处决一名凶杀犯，在使我们的街道变得更安全的同时，也增加了我们被错误定罪的风险，说不定哪天我们也会被执行死刑）。

另一方面，假设我们处决一名病毒制造者，并消除比如说 1%的计算机病毒。假设每年由黑客恶意攻击造成 500 亿美元的损失中，有一半集中在美国，就是 250 亿美元，假设每人"中奖"的概率为 1%，平摊到每人身上就是 83 美分。如果排除掉这种风险的话，就相当于在每个人的口袋里放了 83 美分，更多一点的安全（处决谋杀犯）和 83 美分（处决病毒制造者），人们会选哪个？多

第15章 生死攸关

数美国人都会选择现金,这就是我们从基普·维斯库斯等人的理论中学到的。

处决谋杀犯意味着更多点的安全感,处决病毒制造者意味着发放现金,人们通常会选择现金而不是安全感。因此,处决病毒制造者是项更好的政策。

但也存在一个例外:或许存在某种较为温和的惩罚方式,可以高效制裁病毒制造者,而不制裁谋杀犯。如果可以通过切断黑客的资金供应,或消灭他们的代理人来高效阻止恶意攻击的话,就没必要对他们实施轰炸了。这种方式能否奏效,完全是个经验的问题。

当然,这都是很粗略的分析。就像我已经承认的那样,将病毒制造者造成的损失确定为500亿美元或许并不可靠,估计下他们对现实的损失或许更可靠。另外,我所有的数据都是近似值,其中一些要比另一些好点。①

因此,虽然我不打算完全支持这些数字,但我打算完全支持得到这些数字的方式。政府存在的原因很大程度上是为了提供某种保护,出于一些原因,这种保护我们无法通过市场购买。政府

---

① 有些人可能会说,我也忽略了死刑的道德成本和收益,或者死刑的主要意义就在于惩罚而不是威慑。对于这样的问题我的观点是,政府的工作是为了改善我们的生活,而不是强制执行道德。

MORE SEX IS SAFER SEX
反常识经济学4：
性越多越安全

在提供我们最重视的这种保护措施的时候表现最好。只有当我们希望计算成本和收益，并尊重我们的计算结果时，我们才能衡量政府的表现，即便这些计算结果与我们的直觉相反。从根本上说，任何不愿做这种计算的政策制定者，对政策制定都不够认真。

第 16 章　令我不安的事

很久以前，一位名叫兰德尔·赖特的经济学教授从康奈尔大学辞去了工作，开着他的装有涡轮增压发动机的道奇代托纳来到费城，就职于宾夕法尼亚大学。当赖特教授了解到在费城上汽车保险需要花多少钱（对于已婚，超过 25 岁的男性来说，通常为每年 3600 美元或更多）之后，他果断地放弃了开车。

如果住在费城，你的汽车保险费用大概是住在密尔沃基的三倍，是住在西雅图的两倍多。费城保险行业历来薪水比较高，比在巴尔的摩、芝加哥、克利夫兰等城市的都高，尽管这些城市的盗窃率要高得多。这让赖特教授开始思考一个问题，并最终在著名的《美国经济评论》杂志上发表了一篇署名文章：《费城汽车保

MORE SEX IS SAFER SEX
反常识经济学4：
性越多越安全

险如此昂贵之谜》。

一个合理的猜想是：答案与当地的经济发展状况毫无关系，而与国家监管机构的行为有很大关系。但事实并不支持这一猜测。匹兹堡和费城属于同一个州管辖，监管机构的行为差别不大，但匹兹堡的汽车保险价格不到费城的一半，尽管匹兹堡的盗窃率是费城的两倍多。其他州的情况也提供了同样惊人的对比：圣何塞市比周边的旧金山便宜得多；杰克逊维尔比迈阿密便宜得多；堪萨斯城比圣路易斯便宜得多。

当赖特教授对这些差异感到困惑时，一位名叫埃里克·史密斯的宾夕法尼亚大学的研究生卷入了一场车祸。是对方司机的错造成了这场事故，但对方没有什么资产，也没上保险，所以史密斯不得不从自己的保险公司那里理赔。这一不愉快的经历激发史密斯和赖特发展出一种新的保险定价理论。

简而言之，该理论的主要观点包括：部分司机不上保险会导致保费增高；高保费会导致部分司机不上保险。具体细节是这样的：大量不上保险的司机增加了我们遇到像史密斯先生这样遭遇的概率，即便我们没有过错，可能也得从自己的保险公司那里理赔；保险公司为了弥补这种风险，只能收取更高的保费。但提高保费又会导致更多的司机选择不买保险，从而形成恶性循环。一旦城市进入这个恶性循环，就很难逃脱。

第16章　令我不安的事

换句话说，保险费率由自我实现的预言驱动。即：如果大家都预期会有很多司机不上保险，那么保费就会很高，进而真的会有很多司机不上保险。相反，如果大家都预期司机们会上保险，那么保费就不会高，进而司机们真的都会去上保险。两种结果都存在自我强化效应。城市一旦陷入这两种循环（无论出于什么原因），都会无限期存在下去。

所以，现代费城人遭受的保费过高的遭遇可能是他们祖父母一时悲观情绪的爆发造成的结果。如果这一短暂爆发的情绪是相反的，即过去的费城人相信保费率会降下来、他们的邻居们都会去上保险，单单这一信念就足以真的让保费降下来，大家都去上保险。之后，费城的保险市场可能就会像密尔沃基市的保险市场一样，并永远一样。

情况也可能不同：如果费城拥有足够多的"核心保险"，即便保费率与密尔沃基的一样，费城人也不愿意为自己投保。"史密斯－赖特理论"预计，部分城市，并不是所有的城市，具有长期保持低保费的潜质。

看到具有此类潜质的城市把潜力变成现实是一大幸事。强制执行《强制保险法》是实现这一理想的方法之一。（美国的绝大多数州都已经颁布了《强制保险法》，但执行情况堪忧，即便执行的州，最低责任限制也设定得太低，低到不足以产生什么影响。）

MORE SEX IS SAFER SEX
反常识经济学4：
性越多越安全

从理论上讲，强制保险可以让每个人的生活变得更好，包括那些目前没有意愿上保险的人。不愿意以 3500 美元的价格上保险的费城人，都希望能有以 500 美元的价格购买保险的机会。所以，如果强制保险能够让保费大幅下降的话，无论是先前投保的人，还是后来新投保的人都能从中受益。（实际上，可能会有一小部分人，应该是处于收入分配低端的那部分人，即便保费降到 500 美元他们也不愿意买。但基于收入水平的保险补贴制度，甚至可以使最穷的那部分人也能分享到更低保险费的好处。）

对于在意识形态上追求自由市场信念的人（比如我）来说，理解史密斯和赖特的理论有些困难。我们习惯于将自由市场作为自由和繁荣的担保人来捍卫，但在这里，自由和繁荣是矛盾的：政府通过强迫人们放弃短期利益，让每个人获得更多长期利益。（尽管一些自由主义者会反对说，这种繁荣是一种幻觉，因为那些被赋权的政府将不可避免地滥用权力，从而损害我们的利益。）

为更便宜的汽车保险牺牲一点点自由值得吗？我倾向于相信肯定的答案，但这个问题让我有点不安。

多数情况下，我们并不需要在自由和繁荣之间做出选择，因为二者是齐头并进的。加拿大弗雷泽研究所联手世界各地的几十个智库，对每个国家和地区的经济自由度从 1 到 10 进行打分。高评级的国家和地区具有的特征包括有限政府[①]、税收低、执行力强的财产权、运转良好的市场和自由贸易等。目前，中国香港排名第一，其次是新加坡，然后是新西兰、瑞士和美国中的一个，缅甸排名靠后。

当然，这并不能证明经济自由与人均收入的因果关系，但很有启发性，我们有足够的理由来支持这一建议。

顺便说一句，如果以政治自由进行同样的实验，包括定期选举、强大的反对党、言论自由和宗教等等，将这些因素作为横轴进行绘图，会发现所有的点看起来几乎都是随机的。在我看来，政治自由虽然是件好事，但与经济自由不同，它与繁荣似乎没有任何联系。

对于我们这些同时关心自由和繁荣的人来说，如果目标之间是和谐一致的，实在是好运气。很大程度上，自由可以促进繁荣，但不总是这样。费城的汽车保险市场就是这样一个例外。事实上，这本书主要就是关于例外情况的。成本效益分析告诉我们，世界上的一夜情还是太少（至少在最不乱交的人们之间是这样），人口还是太少，漂亮的人既太多又太少（因为看漂亮的人很有乐趣，所以漂亮的人太少；又因为漂亮的人会转移别人的注意力，使希

[①] 有限政府指政府自身在规模、职能、权力和行为方式上受到法律和社会的严格限制和有效制约。——编者注

望被别人注意到的人无法被人注意到，因而又太多），发明创新太少，出版的书籍太多。这些问题都可以通过税收和补贴来解决，但需要以牺牲一点点经济自由为代价。这些权衡让我不安。

诺贝尔奖得主阿玛蒂亚·森提出了这一权衡更明显的版本：假设有些人（"保守"）珍惜他们的宗教自由，同时更珍惜对色情的禁令；另外一些人（"好色"）珍惜自己阅读色情杂志的权利，同时更珍惜对宗教的一般禁令。如果同时禁止色情和宗教，会让每个人都更快乐，同时也让每个人都更不自由。这算是一件好事吗？

森的困境在实践中不太可能出现，因为总有一些人会因"禁书令"而被冒犯，所以禁令不可能让每个人更快乐。但在实践中，我们不需要通过关注政策获得人们支持的情况来判断政策的好坏，相反，我们采用更灵活的标准，如成本—收益原则：当政策的收益超过其成本时，政策是好的，其收益（或成本）通过支持者（或反对者）愿意为制定（或废止）这项政策而支付的金额来衡量。

遗憾的是，这对避免陷入森的困境没有任何帮助，因为森的困境本身就建立在成本效益分析的基础之上。假设我愿意花20美元去读保罗·克鲁格曼的颠覆之作，而你愿意付40美元来阻止我。严格的成本效益分析的结果是，应该禁止克鲁格曼的颠覆之作。

第 16 章 令我不安的事

这样的结论会令多数人反感,所以禁止这样的事发生将是大功一件。跳出这一旋涡的简单方法是不考虑精神成本。人们不希望自己的鼻子被打一拳,将人们的这种情绪考虑到成本收益分析中,促使我们制定法律抑制殴打别人鼻子的行为,这种对情绪的考虑是应当的。但因为有人不希望我看克鲁格曼的书就要颁布相关禁令就不合适了,那是他自己的问题。

这一立场听起来很有吸引力,但不具有连贯性。如果我读克鲁格曼书的习惯,和我打别人鼻子的习惯对某人造成的痛苦是一样的,为什么公共政策应该阻止其中一个而不是另一个?

解决这一问题的其中一个答案是:心理成本不应该计入,因为它们太容易被夸大。任何人都可以声称自己遭受了价值100万美元的精神损失,但我们无法知道哪些说法是捏造出来的,哪些是真实的。另一个答案是:一旦我们开始计算心理伤害,人们就会开始训练自己去感受它。

这两种答案都无法令我们满意。不过,直觉告诉我,不应该将心理伤害计算在内。但另一方面,同样的直觉又告诉我,应该继续前进找到另一块巧克力蛋糕。所以我不确定应该在多大程度上相信直觉。

精神成本的镜像是精神收益。当美国陆军工程兵团对掘开位于华盛顿东部的蛇河进行成本效益分析时,他们提出了一些被他

297

们称之为"存在价值"的东西，用来代表人们从获知河流狂奔向前中得到的精神益处。

原则上说，"存在价值"这一概念很有意义。如果你的艾格尼丝阿姨无法忍受人们在蛇河上修筑大坝，她的痛苦确实是维持大坝的成本之一；同样道理，如果艾格尼丝阿姨也无法忍受人们阅读《纽约时报》，她的痛苦也确实是新闻自由的成本之一。如果我们在智力上保持一致水平的话，我们对这二者应该要么都迎合，要么都拒绝。

但是，为什么要优先考虑成本收益呢？一个快速而客观的答案是，人们更关心的是成本和收益，所以，对这二者的精心计算是改善人们状况的最直接途径。我喜欢成本效益分析对每个人的一视同仁：成本按成本计算，不管是谁承担它；收益按收益计算，不管是谁获得它。

相反，我的学生经常反对这一点，因为这样会给富人更多的影响力。假如我最喜欢爬的树恰好挡住了比尔·盖茨起居室的视线，我可能愿意花100美元来保护那棵树，而比尔则愿意花50万美元来砍掉它。砍树会给我带来100美元的成本，同时会给比尔带来50万美元的收益。因此，如果我们是真正的成本效益信徒的话，就应该把那棵树砍掉。富人赢了！

第16章 令我不安的事

以下几点可以反驳这一观点。首先，值得注意的是，如果我们争论的对象是商业资产而不是树的话，比尔的财富多寡将无关紧要。如果一项商业资产能给他带来1000美元的收益，那么这就是他愿意为之付出的代价，这与他的贫穷或富有无关。

其次，在上述树的例子中，比尔·盖茨的财富确实是个巨大的优势。在很多种情况下，财富都是一个巨大的优势。以房地产市场为例。比尔·盖茨的房子比我的大得多，原因与我们的相对收入无关。或许我们同样认为这是一个糟糕的结果，但如果是这样的话，我们吃的牛肉是不符合成本效益标准的，这是财富分配的结果。我们可以相信财富分配是不公平的，但仍然相信成本效益分析，正如我们相信财富分配不公平，但仍然认为房子应该卖给出价最高的人一样。

第三，住更大的房子与允许处理这棵树的权利之间，至少存在一个重大区别：比尔·盖茨为他的房子付钱，意味着其在未来交易中的财富和影响力的减少，尽管减少的程度很低；但在树的例子中，他获得的胜利似乎更令人生厌。这种区别是合理的。但同样，在不放弃成本效益哲学的前提下，这个问题也可以解决：如果比尔·盖茨真的认为他的视线值50万美元，那么就让他付给我30万美元，以换取砍树的特权。这样，他和我都会更快乐。事实上，如果这棵树属于我，这样的事就会发生。

299

MORE SEX IS SAFER SEX
反常识经济学4：
性越多越安全

如果想研究成本效益分析方面的真正难题的话，不妨试试这个——第七巡回上诉法院理查德·波斯纳法官的案例。假设我愿意花10万美元用带刺的铁丝网把你包起来，然后用牛角顶你，而你能接受的价格是不少于5万美元。这项"交易"对我来说价值10万美元，而对你来说成本是5万美元，所以所有优秀的成本效益分析师都应该同意，我被允许用带刺的铁丝网把你包裹起来，然后用牛角来顶你。事实上，只要你和我能坐下来协商一下，确定一个价格，比方说我向你支付7.5万美元，这样的事就真可能发生。你、我，以及成本效益分析师都会乐于看到这笔"交易"成交。

但是，让我们给这笔"交易"加上一个恶魔般的限制条件：我的快乐建立在你"不同意"的基础之上。看到你拿了钱开开心心地离开，完全破坏了我的"消费"体验，这是我不想看到的，现在怎么办？

依据纯粹的成本收益分析，我仍然应该折磨你，但不向你支付报酬。所以，按照严格的成本效益标准，富有的施虐狂可以折磨任何他们想要折磨的人。这比让比尔·盖茨砍掉一棵树更令人不安，而且我从未遇到过任何一个人，认为这是解决这个问题的正确方法。我的结论是，没有人——或者我没见过这样的人——相信成本效益分析是政策评估的全部和最终结果。当然，

第 16 章 令我不安的事

这是件好事,但这确实意味着我们需要做一些权衡,尽管这些权衡可能让我们不舒服。

对于成本收益分析人员来说,另一个令人不安的问题是:都需要算谁的成本?

答案当然是"每个人",但这仍留有很大的争议空间。胎儿属于"每个人"的一部分吗?如果我们将成本效益分析应用到堕胎相关的辩论中,这个答案肯定很重要。需要考虑胎儿的成本吗?还有这个问题,牛属于"每个人"的一部分吗? 如果我们讨论素食主义的伦理问题,这个答案肯定很重要。

为了实施成本效益分析,我们首先需要确定胎儿是否算作成熟的人,但一旦这个问题确定,成本效益分析在很大程度上是多余的。如果一般的成本效益原则没有告诉我们如何对待未出生的人,那么它们肯定也不会告诉我们如何对待"还是个卵"的人(尚未成功受孕)。我们是否有道义上的义务去维护数以万亿计的"潜在的人"的利益?这些人,除非我们愿意"怀上"他们,否则将永远没有机会活着。

两种可能的答案——"是"和"否"——对我来说显然都是错误的。如果答案是肯定的,那么我们在道德上有义务生养大量的孩子;如果这些未孕育的"孩子"拥有道德上的地位,那么他

301

们就像被囚禁在地狱边缘的囚犯，单靠自己无法进入活人的世界，我们当然有义务帮助他们中的一些逃脱（在第2章中，我们已经论述过，为了帮助已经生活在这个世界上的人，我们应该生养更多的孩子。但如果认可这一观点的话，就应该生养更多的孩子来为这些孩子自己的利益服务）。我觉得这些都是错的。

但，如果答案是否定的，假设尚未孕育的人没有道德上的地位，那么肯定不应该有人从道德上反对我们把整个地球毁灭到后代无法生存的地步（这并不是说我们一定要把地球像垃圾一样扔掉，一些出于自私的理由也可以促使我们保护地球。或者说，如果我们曾经想要糟践地球的话，那在道德上是没有问题的）。如果我们一开始就不怀孕，也就不会有后代，并且尚未被孕育的人不被视为道德上的实体，那么我们的罪行（污染环境、破坏地球等）就没有受害者，这些罪行自然也就不是真正的罪行。

所以，如果尚未被孕育的人拥有权利，我们会得到一组令人不安的结论，如果他们没有权利，我们同样会得到一组令人不安的结论，区别只是不是同一组而已。也许有第三种方法，那就是承认我们无法在逻辑上严谨地对待那些涉及尚未被孕育的人的问题。下面我提供些证据给大家看。

这样的夫妻肯定为大家所熟知：他们已经有了两个孩子，还没有决定是否要第三个孩子。他们思前想后，左右摇摆，权衡利

第16章 令我不安的事

弊，还是无法决定。最后他们决定继续生。从第三个孩子出生的那一刻开始，父母就深深地爱着他，为了保护他的生命愿意牺牲一切。

这一行为与人们购买家用电器、家具或光盘的方式形成鲜明对比。通常，让我们犹豫的产品并不是我们最珍惜的。当然也有例外，比如有时一张普普通通的CD带回家后却发现出人意料的好，但总的原则是，如果我们不确定想要它，通常是不会珍惜的。那么，孩子为什么如此不同呢？

我的一个同事认为这里并没有本质上的不同。他说，把婴儿比作微波炉的等价物是错误的；相反，应该把婴儿看作一种能让人上瘾的药物。人们在尝试海洛因时会犹豫，但一旦试了，就会上瘾，而且很难戒除，就像对孩子一样。

但我认为这是个更糟糕的类比，因为海洛因成瘾者往往是那些一开始相信自己能摆脱毒瘾的人。这可能是因为他们很愚蠢，也可能因为他们是爱冒险的赌徒，但这正是他们所想的（这就是为什么我们总会听到很多瘾君子讲述他们的经历是这句话："要是早知道……"）。这与父母的真实情况不同，父母事先就知道，他们一定会对自己的孩子"上瘾"。他们选择令自己上瘾的对象时眼睛睁得很大，就像顾客选择微波炉时一样。

此外，父母和海洛因成瘾者之间的关键区别在于，父母事先知道他们会上瘾,而且基本可以确定,他们没有打算戒除这一"毒瘾"。如果你已经是两个孩子的父母,在摇摆是否要第三个孩子,这时你对成为父母已经有了较好的认知,你已经知道,你不会像瘾君子一样藐视他的毒瘾,你会珍惜你的孩子。当人们知道自己最终会爱上某样东西时,又为什么在开始时犹豫呢?

作为独生子女的父母,我可以证实人们确实有这样的行为。我知道我处于未受孕状态的孩子最终会成为我最宝贵的"财产",如果我将他们生出来的话。但这并不影响我选择让他们永远处于未受孕状态。有没有可能这里根本就没有什么逻辑可言?

如果认为整个讨论占据了你难得的周日空闲时间,也耽误了你准备化学期末考试的时间,最后却没有得到任何具有实际意义的结论,对此我不敢苟同。每当我们讨论关键的现实世界政策问题,比如改革社会保障体系时,我们都在含蓄地谈论我们对后代的义务,尽管这些"人"还处于未受孕状态。在尚未弄清楚这些义务本质的情况下,对这些义务进行理智的讨论是不可能的。

当然,很多关于社会保障的争论都开始于众所周知的胡说八道,各方华丽的修辞被没有任何意义的参考体系搞得乱七八糟,这些参考包括保险箱、信托基金及其他与潜在的经济学理论不相干的会计技巧。

第 16 章 令我不安的事

经济的基本面是：在 2050 年，既会有年轻人，也会有老年人。依据人们工作的努力程度，会得到一定数量的商品和服务分配。2050 年的人们将面临四个问题：年轻人应该多努力工作？老年人应该多努力工作？年轻人消费的商品和服务的比例是多少？老年人消费的商品和服务的比例是多少？

这些问题的答案将在 2050 年的立法机构中得到解决，很大程度上不会考虑我们今天通过的任何法律。因此，如果我们真想帮助未来的公民，那么现在的会计准则和其他的金融诡计都是无关紧要的。我们所能做的，即我们能够提供的帮助，就是减少消费，以增加未来的剩余。我们给他们留下更多更好的工厂，他们生产更多更好的产品，以我们无法控制的方式分配这些产品。

因此，关于社会保障，只有两个有意义的问题。首先，我们是否愿意减少消费，以让我们的子孙可以消费更多？其次，如果愿意，我们怎样才能让自己去做？

通过优惠的税收政策鼓励储蓄可以作为第二个问题的答案之一。或者通过逐步取消社会保障来鼓励储蓄，这至少可以鼓励一部分人存更多的钱。这些改革的代价是我们必须勒紧裤腰带过日子。储蓄越多意味着消费越少。逐步取消社会保障金意味着面对大量暴躁的 75 岁老人。

是否愿意做出这些牺牲取决于我们在乎的是谁。如果我们愿意压榨当前70岁、80岁这几代人的利益，明天就可以关闭社会保障系统，这将使以后的各代人受益，并直至永远。原因是人们会立即开始存更多的钱，因为储蓄比支付社会保障税要好受得多。持续的储蓄不断补充着更多的投资，进而建立更多的工厂和更大的生产能力。结果就是：今天毁灭数百万老人，未来造福无数潜在的人。

从严格的成本效益角度来说，这是一笔不错的交易，前提是我们把所有潜在的后代，看得与我们现在这些人一样重（是的，我知道这对目前的老人不公平，所以我用了"压榨"这个词。关键是这样的好处比坏处多）。支持这一论点的论据是：不管人们什么时候出生，人都是人，所以应该把所有的人都公平地考虑在内。反对这一观点的论据是：我们没有生育这些"人"的道德义务；如果我们都不需要给这些"人"生命，当然就更不需要给他们财富了。

两个观点都很有道理，结论却完全相反。不好意思，我又内心不安了。

对社会保障制度的改革（或废除）应该能够吸引那些关心未来几代人的人，也就是支持环境保护的那批人。保护环境和改革社会保障制度都是将当代人的利益向后代人转移。所以总体上说，

第 16 章 令我不安的事

我相信支持其中一个制度的人对另一个制度也不会反对。

如果你正努力决定自己在这些问题上的立场，你可能还要记住，未来的人可能比现在的我们更富有——本书的第2章中计算过，仅仅400年之后，我们的后代每天的收入可能超过100万美元。因此，如果我们反对社会保障，或者赞成保护环境，实际上是将财富从相对贫穷的人，即你和我，转移到相对富裕的人，即我们有钱的后辈身上。既支持上述观点，又支持建立旨在将收入从富人转移到穷人的大型福利国家，在思维上是矛盾的。

因此，作为第一个近似答案，我希望一部分人（更关心穷人，因而更关心当代人的人）能支持福利计划和持续的社会保障、减少环保投入；而另一部分人（更关心富人，因而更关心后代的人）则提倡减少福利和社会保障、保护环境。

当然，对于每一个问题的解决都还有更多的路要走，但我相信，对于任何我们能想象到的一揽子政策计划，都会有连贯的思维基础。但总有些计划比其他计划不协调的地方要多些，这些不协调会使我内心不安。

我不确定应该如何对待尚未出生的、尚未成功受孕的，以及可能永远不会出生的人，所以我的注意力主要集中在活着的人身上。那么，死者的偏好应该得到关注吗？

MORE SEX IS SAFER SEX
反常识经济学4：
性越多越安全

当然不用，因为死者没有偏好，这是死亡的一部分。那么，他们曾经的偏好需要关注吗？比如，不要在我死后把我的器官移植走，我脑死亡后不想在呼吸机下苟延残喘，我想把我的骨灰从纽约证券交易所的游客画廊里撒出去，等等。这些偏好应该得到关注吗？

有时我们尊重死者的喜好，是因为我们认为死者通常是非比寻常的智者，或者是因为"让死者决定"是不流血解决冲突的好办法。这就是我们遵循美国宪法指导的原因，但在这里似乎并不特别相关。我们尊重死者意愿可以通过强制执行他们的遗嘱来体现，也可以通过改变他们生前的行为来体现。比如，如果有人向我保证，我的遗产将全部留给我的女儿，而不是其他某个陌生人，我将会更努力地工作，更少地消费，这意味着其他每个人都可以少工作，多消费（毕竟，我多生产的和我减少消费留下的商品都可以提供给别人，并且可以立刻提供给别人，不必等到我死后才提供给别人）。这是向人们承诺强制执行死者遗嘱的很好理由，并且这种承诺意义重大，因为其他人也会相信自己未来的遗嘱会被尊重。

另一方面，我认为没有非常坚实的理由来支持我自己支配自己遗体的诉求。我对这一点的偏好可能很强烈，但人一旦死了，这些偏好就不再具有相关性了。在我还活着时，你保证会按照我的偏好执行我的遗嘱,并不会以任何对社会有意义的方式改变我的意愿。

托马斯·杰斐逊(逝去的智者之一,我们需要向这些智者寻求指引)告诫我们,地球属于活着的人。他的意思是我们可以心安理得地忽略掉死者的偏好。一旦人已逝去,关心他们的偏好就不再具有意义。

幸存者的偏好需要关注吗?举个例子:特丽·夏沃,一个依靠呼吸机活着的女人,医生认定她将永久性地处于无意识状态,相当于死亡,因为丈夫和父母无法就是否拔掉她的呼吸机插头达成一致意见而成为全美国关注的焦点。①

"夏沃争论"的本质是对资源的控制,也就是夏沃的身体,因此在经济学分析的范围内。夏沃的丈夫迈克尔想要停掉她的呼吸机,她的父母想就这样维持下去。于是产生了这样的问题:如果有人决定处置掉某一资源,我们是否应该阻止其他人回收该资源?比如,如果我决定扔掉我的烤面包机,有人想从我的垃圾中回收它,并获得一个净经济收益,这样有问题吗?在夏沃的案例中,迈克尔·夏沃要停掉他妻子的呼吸机,即"处置"掉夏沃,

---

① 关于夏沃的实际情况,一直以来存在着相当大的争议。由于缺乏相关专业知识,所以我无法就这一争议发表有见地的意见。为了讨论的方便,这里认为夏沃不可恢复。

而她的父母想要"回收"她,有什么理由阻止她父母的行为?

除了迈克尔·夏沃想要阻止他们这一事实之外,成本收益分析的规则要求我们假定,所有人的愿望都应该得到尊重,对此,我并不十分确定。

在审查制度方面我遇到过一个例外情况,这个例外情况也同样适用于这个案例。我认为,只是为了阻止别人做自己想做的事情就对别人施加阻拦的偏好,不是我们应该迎合的。这样做是非常危险的,因为会导致各种难以划界的问题,而这些问题多数都很难回答。但另一种选择,在我看来无异于支持清教徒的暴政。

在我看来,现在的迈克尔·夏沃就像坐在清教徒的位置上一样。但实际上,除了埋葬他的妻子之外,他从未想过要用她的身体做任何事情。这与他所认为的一个死去的女人应该有的愿望相一致,但这一愿望本该随着她的死去而不再被考虑。迈克尔·夏沃唯一的愿望就是阻止别人维持他妻子的生命,在我看来,这与阻止别人读《查泰莱夫人的情人》没什么区别。

唯一的区别是,我非常能理解人们为什么愿意读劳伦斯的书,却很难理解人们为什么要维持实际上已经死亡的亲人的生命。如果有人想要利用别人来维持他们实际上已死亡的亲人的生命,比如,通过医疗保险的方式,我想我们可以心安理得地忽略掉他们的这一偏好。但如果他们(特丽·夏沃的父母)愿意自己承担这些成本，我推断这是他们非常想要的，那么，不应该有什么理由阻止他们。

事实上，迈克尔·夏沃也表达了同样强烈的想要埋葬他妻子的愿望（拒绝了别人对他捐赠的100万美元，有的报道说是1000万美元），但我认为这两种愿望之间有本质区别。想要维持特丽生命的愿望与想读《查泰莱夫人的情人》的愿望一样，或者更准确地说，与读一些我认为没有什么文学价值的书的愿望一样。想要阻止别人维持特丽身体的愿望与审查别人的愿望一样，即便严格的成本效益分析支持这一审查，我也会反对。

基于成本效益分析的政策制定哲学和经济学观点充斥在许多教科书中，我不想把这本书也变成这种观点的总结。我要说的是，尽管研究过这些观点的人，没有人（据我所知）发现他们普遍的令人信服，但只要他们中的多数人认为他们具有广泛的说服力就够了。问题是应用这些观点的边界在哪里？

我倾向于在偏好的某个方向上画一条线来约束其他人的行为。如果网络上的色情片、阿拉斯加的石油开采，或者垃圾桶里的拾荒者冒犯到某些人，我会欣然承认这种冒犯是一种真正的成本，但我在进行政策分析时不会将它考虑进去。

做出这样的选择之所以有些恐惧，是因为我没有明确的原则判定我到底应该在哪里画这条界线。如果有人反对在自己计划去的地方开采石油，我倾向于考虑这一诉求；但如果有人反对在自己白日梦中梦到的地方开采石油，我则倾向于选择忽略。我认为我已经有许多很好的理由来解释这些选择，但我希望我能有更好的理由解释这一切。

当被迫思考如何为后代着想的时候，我也感到同样的恐惧。但面临市场失灵时，这种恐惧来得尤为强烈。就像在费城的情况一样，政府的行动可以明显缓解这一问题，但需要限制人们的一些自由作为代价。

如果我们对每一项溢出成本征税，并补贴每一项溢出收益，那么原则上说，我们的公共河流会变得更加干净清洁。但是干预过度的政府也是一种污染，或许我们应该永远记住这一点。

**MORE SEX IS
SAFER SEX**
附　录

下文将列述一些进一步阅读的资料和建议，以及一些其他观点。

前言　我不知道是谁第一次说"常识告诉我们地球是平的"，但如果感兴趣，可以在我最喜欢的智慧宝库里找到它，网址是http://www.nancybuttons.com。

再举个可能会帮助大家的例子：

通用汽车建立一个新的工厂，世界上会有更多更好的汽车，但成本包括：由于本来可能成为挤奶工、电缆工及面包师的工人都去制造汽车了，所以，肯定会有些地方的人需要少喝牛奶，有些地方的人需要多等一个星期才能铺好电缆，有些地方的人需要早起15分钟为自己准备午餐。工厂占用的土地可能原本会成为面包房或艺术工作室，所以世界上的面包和艺术画作都会减少。

幸运的是，所有这些成本和收益都由通用汽车公司自己承担。

它为土地和工人支付的价格反映了它在其他用途上的价值；其出售汽车的价格反映了其为消费者创造的价值。如果收益超过了成本，它就会建造新的工厂；如果相反，它就不会建新厂，就像事情原本应该的那样。

但是，如果工厂注定要污染公共河流（或者生产污染空气的汽车），那么这个成本收益就得重新计算。污染是一种真正的社会成本（会对其他人造成伤害的另一种奇特说法），但通用汽车公司可能并没有承担这一成本。从这一角度考虑，通用汽车建造的工厂数可能过多了，就像大家共同买单时会点更多甜点一样。

第1章 迈克尔·克雷默关于艾滋病的研究刊登在《经济学季刊》上，标题是《艾滋病流行病学模型与行为选择模型联合研究》。

第2章 迈克尔·克雷默关于人口增长的研究刊登在《经济学季刊》上，标题是《人口增长和技术变革：公元前100万年到1990年》。关于经济发展停滞千年及工业革命产生的原因，请参阅诺贝尔奖得主小罗伯特·E.卢卡斯的《工业革命：过去与未来》，由明尼阿波利斯联邦储备银行出版。关于经济增长对普通家庭主妇生活的影响研究，请参阅杰里米·格林伍德、南·瑟哈德里和穆罕默德·尤库古卢共同发表的《解放的引擎》，刊登在《经济研究评论》上。澳大利亚父母产假的影响效应分析，请参阅苏黎世大学教授拉斐尔·莱韦林和约瑟夫·兹韦姆格勒的文章，标题是《育儿假会影响生育和返工吗？——来自"真正自然实验"的证据》，该论文在本书写作时尚未发表。

第4章 颜值对工资的影响效应分析，请参阅美国得克萨斯大学的丹尼尔·哈默梅什教授和密歇根州的杰夫·比德尔教授的文章，文章发表在《美国经济评论》上。肥胖对工资的影响效应分析，请参阅约翰·考利教授（康奈尔大学）在《人力资源杂志》上的文章。宾夕法尼亚大学优秀的经济学家尼古拉·佩西科、安德鲁·普斯特怀特和丹·西尔弗曼研究了身高与成功的关系，西尔弗曼现在执教于密歇根大学。身高与智商都很高的普林斯顿大学经济学家安妮·凯斯和克里斯汀·帕克森则研究了身高/工资与智力差异的相关性，其论文题目是《身高决定地位：身高与能力在劳动力市场的不同表现》，该文章在本书完成时也尚未发表。"科迈普"三人组的理论见于《政治经济杂志》，标题为"社会规范、储蓄行为与经济增长"。

第5章 收入的增长逐渐让第三世界的儿童退出劳动市场。这一观点由康纳尔大学的考什克·巴舒教授提出。随后，世界银行的研究员泽弗里斯·桑纳托斯发表了一篇深刻而重要的文章，题目是《全球童工问题：我们知道什么，我们能做什么？》，文章已在《世界银行经济评论》上发表。

第6章和第7章 这两章中的许多想法都是午餐聊天时产生和逐步成熟的。许多同事都参与了这些讨论,但最好和最发人深省的想法几乎都来自马克·比尔斯。

第7章 关于贝叶斯牧师的生平事迹和在坦布里奇韦尔斯的生活,我要感谢D.R.贝尔豪斯在《统计科学》的文章,题目是《贝叶斯牧师和贝叶斯法则:庆祝他诞辰三百周年的传记》。关于死刑的威慑作用,请参阅艾萨克·埃利希和刘志强最近在《法律和经济杂志》上发表的文章,题目为《威慑假说的敏感性分析:计量经济学角度的分析》。更多文章请参阅埃利希和刘志强编辑的三卷书《犯罪经济学》,该书于2006年由爱德华·埃尔加出版社出版。

本章集中讨论了改进现存司法系统的措施。圣塔克拉拉大学的法学教授戴维·弗里德曼主张进行更为彻底的改革:彻底废弃整个系统,取而代之的是一个私有化的法律体系,而政府负责提供各种各样的法律法规;人们选择自己想要的法律法规,并与提供它的政府签约。依据弗里德曼的观点,这样的体系在历史上曾经运行得很好,比如中世纪时的冰岛,最引人注目的几个世纪执行的就是这样的体系。在弗里德曼式的世界里,人们只需要遵守自己选择的法律,特定法律的改变只会影响到自愿遵守的人,从而将溢出效应降到最低。

第8章　迈克尔·克雷默关于专利的论文发表在《经济学季刊》上，标题是《专利收购：鼓励创新的机制》。列维特和艾尔斯关于寻回系统的报告发表在《经济学季刊》上，标题为《对无法观测的受害者预防措施正外部性的衡量：对寻回系统的实证分析》。约翰·洛特和戴维·马斯塔德关于手枪控制的研究，发表在《法律研究杂志》（1997）上，在洛特的专著《更多的枪，更少的犯罪》中也能看到该研究。缩短排队长度的想法来自特拉维夫大学教授瑞法尔·海森在《计量经济学》上发表的一篇论文，题目是《先到后服务的最佳排序》。耶鲁大学的拜瑞·内勒巴夫教授最早在解决饮水机排队的问题上应用了海森教授的观点，该文章发表在《经济学展望杂志》的专栏"谜"中。后来，在一次午餐聊天时了解到这篇文章，但当时不知其出处，于是我在《石板》杂志上发表了一篇相同标题的专栏文章。

第三部分　关于使用铅笔影响工资的研究出自迪纳多和皮施克之手，文章发表于《经济学季刊》上，题目是《再次审视使用计算机的回报：使用铅笔也能改变工资结构？》。波士顿大学的凯文·朗最近发表的一篇题为"铅笔和计算机"的论文，提供了证据，证明电脑使用确实能提高生产率。

第9章　哈夫曼和沃尔夫关于搬家的研究结果在他们的书中有报告，书名是《成功的后代：投资孩子的效应分析》。

第10章 达尔教授现在加州大学圣迭戈分校执教,莫雷蒂教授在伯克利大学,他们的论文《对儿子的需求》尚未出版。

第11章 阿玛莉亚·米勒题为"成为母亲对职业发展路径的影响"的论文,尚未出版。

第12章 这一章的主要观点来自与马克·比尔斯的对话,为了让我充分理解,每个观点他都得对我解释三遍。下面是本书的数学基础,忘记微积分的读者可以直接跳过这一部分。

假设有三个慈善机构(同样的结论适用于任何数量的慈善机构,而不仅仅是三个),这三个慈善机构拥有的捐赠基金分别是x,y,z,你计划为这三个机构捐赠的金额分别是Δx,Δy,Δz。真正的慈善人士只关心每个慈善机构最终获得的捐赠金额,因而希望下列函数取得最大值:

$$F(x+\Delta x, y+\Delta y, z+\Delta z)$$

函数 F 是任意的。这个论点只假设我们关心慈善机构,但不假设我们怎么关心,以及为什么关心慈善机构。

如果你的捐献比慈善机构初创时拥有的捐赠基金小,那么上述函数无限接近于:

$$F(x, y, z)+ (\partial F/\partial x)\Delta x + (\partial F/\partial y)\Delta y + (\partial F/\partial z)\Delta z$$

当将所有的捐款捐给使该函数取得最大偏导数对应的慈善机构时，该函数取得最大值。

但如果你的捐献比慈善机构初创时拥有的捐赠基金大，或者如果你有足够的妄想，相信自己的捐献比慈善机构初创时拥有的捐赠基金大，那么上述线性近似会失败。

注意，如果我们对各个慈善机构运用善款的行为有什么不确定性，可以通过定义不同的函数 F 来体现这种不确定性造成的成本。因此，这些不确定性不会影响我们的主要观点。

另一方面，如果你关心的不是慈善机构得到了什么，而是你自己付出了什么（举个例子，假设你是为了享受被人感谢才捐款的）的话，你就会希望下述函数最大化：

$$F(\Delta x, \Delta y, \Delta z)$$

这种情况下，解决方案就不太可能是把所有的东西都捐赠给同一个慈善机构了。

第13章　关于消费与储蓄行为的研究出自佩尔·克鲁塞尔教授（现执教于普林斯顿大学）和安东尼·史密斯（耶鲁大学）教授之手，这篇论文发表在《计量经济学杂志》上，题目是《准几何折现基础的消费储蓄决策研究》。哈佛大学的莱布森教授在他的一篇论文中总结了他的主要观点，该论文发表在《经济学季刊》杂志上，论文题目是"黄金蛋和双曲线贴现"。我第一次产生宇宙是个纯数学对象这种观点是在看到一本书的边评之后，这本书由著名的物理学家法兰克·迪普勒撰写，书名是《不朽的物理学》。需要更详尽的调查资料可以查阅麻省理工学院物理学家马克斯·特格马克发表在《物理学纪事》上的文章，题目是《"万物理论"仅仅是终极的合奏理论吗？》。

第14章 本章中关于种族歧视的分析建立在约翰·诺尔斯、尼古拉·珀西科、佩特拉·托德的文章基础之上，这三位均来自宾夕法尼亚大学，他们的这篇文章刚刚在《政治经济学杂志》上发表。他们的论证比我在文中所指出的更微妙。我认为，如果警察没有种族偏见，那么被停车搜查的黑人和白人，发现其携带毒品的概率应该是一样的。如果存在其他可观察的特征表明种族和毒品携带具有相关性，那么上述观点是否正确就存在疑问了。例如，如果大家都知道，所有白人驾驶的大众汽车都携带毒品，那么所有白人驾驶的大众汽车都将被拦截和搜查，从而白人的平均定罪率将会更高，尽管警方没有显示出反白人的偏见。诺尔斯、尼古拉、托德设计了一个精巧的论据（对本书来说技术性太强了，因而不再介绍），排除了这种可能性。粗略地说，他们的论点就是：如果所有白人驾驶的大众汽车都携带毒品，那么所有白人驾驶的大众汽车都将被拦下搜查，所以没有白人会驾驶大众汽车携带毒品。

第 15 章　吉帕·维斯库斯教授关于人命价值的观点出现在一系列的文章中，其中以《生命价值：职业和行业的风险评估》一文最为突出，这篇文章发表于《经济调查》。哈恩、泰特洛克和伯内特关于手机的研究发表在《监管》杂志上，文章题目是《开车时应该允许使用手机吗？》。

贝勒地区医疗中心对迪哈斯·哈柏特格里斯事件的详细回应可登录下列网址进行查询，网址是 http://www.baylorhealth.com/articles/habtegiris/response.htm。

MORE SEX IS SAFER SEX

致　谢

　　本书讲述的是传统经济学的几种非传统应用。我首先要感谢发现这些经济学原理的创新思考者们。其中一些会在后续的章节中提到，另一些会在附录中介绍到。

　　感谢《石板》杂志的编辑们，是你们在这 10 年里给我充分的自由，让我能够按照我的想法自由地表达。本书中的许多观点最早出现在我在《石板》的专栏文章，尽管当时还只是一些很简略的想法。现在，有了这本书，我可以更加详尽地把它们完善起来。

　　感谢《石板》杂志的读者们，是你们让我认识到哪些观点需要更多的解释说明，是你们在我偶尔犯错误时给予我善意的提醒，这本书的一些章节因为受到读者的启发而改良了许多。

　　感谢《每日午餐》小组的朋友，是你们的审查工作确保本书的观点正确，并避免了常识性错误。尤其要感谢的是马克·比尔斯、戈登·达尔、尤塔·斯库伯格、艾伦·斯塔尔曼和迈克尔·沃克夫,你们的评论和注解使本书增色不少。

特别感谢马克·比尔斯,我的许多观点和见解都是向他借鉴的,就算把他作为这本书的合著者也不为过。

感谢我的智囊团,你们都是非经济领域的才子,是你们让我明白什么是"显著"以及什么是"非显著",让我找到恰当的词汇来完美表达复杂的概念。特别感谢戴安娜·卡罗尔、迈克尔·雷蒙德·费利、沙龙·芬尼克、内森·梅尔、蒂姆·皮尔斯、约翰·罗斯维尔、艾伦·唐吉诃·塞巴谢、丽莎·泰尔皮,以及各位朋友!

感谢来自布鲁斯·尼克尔斯(自由出版社)的鼓励与协助!

感谢以我为豪的父母,尽管他们不赞成我这本书的题目。感谢所有给予我以及这本书帮助的人们,谢谢你们!